中公新書 2303

落合淳思著

殷――中国史最古の王朝

中央公論新社刊

はじめに

現在残っている中国史の文字資料のうち、最古の形を甲骨文字《こうこつもじ》という。甲骨文字が作られたのは殷《いん》王朝の時代であり、今から三千年以上も前のことであった。

詳しくは本文で述べるが、甲骨文字には殷の時代におこなわれた祭祀《さいし》儀礼などが記録されており、古代文明の「生《なま》の資料」なのである。

甲骨文字を読むことで、当時の王や貴族の行動を知ることができる。彼らは神々に対して酒や音楽などを捧《ささ》げ、さらには家畜や人間を生けにえとして殺していた。また、殷王朝では家畜の骨や亀の甲羅を使った占いによって政策が決定されており、戦争ですら、実行するかどうかが占いで決められていた。

私が殷王朝の研究を始めたのは大学生のときであったが、これらのことから「原始的な社会」あるいは「非合理的な文化」というのが漠然とした第一印象だったことを覚えている。

しかし、調査を進めていくにつれ、そうした原始的な部分はむしろ表面的なものであり、実際には王朝を経営するための現実的なシステムを備えていたことが分かってきた。

いつの時代も、人間とは多かれ少なかれ利己的な存在であり、多数の人間をまとめるためには規則や信仰など一定のルールが必要とされる。さらに、大規模な社会組織である王朝を維持するためには、規則や信仰だけでは不足であり、本書で述べるように実効性のある権力機構や支配体制が用いられた。

ところが、かつての殷王朝研究は、資料の整理が不十分だったこともあり、甲骨文字の記述を表面的に見ているだけのことが多かった。また、後代に作られた文献資料に影響され、同時代の資料である甲骨文字を軽視する研究も少なくない。結果として、殷王朝に関しては多くの誤解や偏見があり、実在した社会としては不自然な解釈が今でもまかり通っている。

甲骨文字は当時の人々が作った文字資料であり、殷王朝の研究では最も価値が高い。また近年には甲骨文字の資料整理が進んでおり、統計的な調査や時期ごとの分析もできるようになった。祭祀儀礼の政治的意義、あるいは支配体制の歴史的変化など、より具体的で現実性のある研究成果を提示することが可能になったのである。

こうしたわけで、本書では、新しい甲骨文字研究の成果を元にして、殷王朝の社会や歴史について紹介していきたい。まず序章では、殷王朝の最重要資料である甲骨文字について簡単に解説する。そして第1章では、殷王朝の前期・中期の歴史について述べる。また第2章と第3章では、殷王の権力がどのようにして構築されていたのかを中心にして、殷王朝の支配体制を再現する。

甲骨文字は主に殷王朝の後期に作られたものである。そのため王朝の前期・中期の情報はあまり豊富ではないが、後期については詳しく知ることができ、時期ごとに王朝の変化をたどることも可能である。そこで、第4章から第6章では、甲骨文字の時代（殷代後期）について、中興期（紀元前十三世紀）、安定期（紀元前十二世紀）、動揺期（紀元前十一世紀）という年代順に殷王朝の政治的変化を解説する。

殷王朝が存在したのは三千年以上も前のことであるが、当時の社会にも、古代文明なりの合理性があった。我々とは別世界の出来事ではなく、人間社会のひとつの形として殷王朝を理解していただけるように努めたい。

目次

はじめに　i

序章　甲骨文字に記された殷王朝の社会……3
殷王朝の伝説と甲骨文字の発見　甲骨文字の研究史　甲骨文字の資料的価値

第1章　殷王朝の前期・中期……15
二里頭文化の王朝　殷王朝の成立　殷代の文明　支配領域の拡大
殷代前期の系譜　殷代中期の混乱　推定される王統　地理的な分裂と再統一
《系譜の合成》

第2章　殷王朝の支配体制……49
甲骨文字の時期区分　各地の敵対勢力　王の軍事力　殷代の武器
殷代の地方領主　地方領主の動員　殷代後期の支配体制
《古代中国の姓》

第3章　神々への祭祀儀礼……79
自然への畏れ　祖先神への祭祀　信仰の政治的利用　壮麗な青銅器
祭祀犠牲とその意義　殷代の奴隷　奴隷の供給と消費　「神権政治」
とは何か
《古代文明の公共事業》

第4章　戦争と神秘性による支配――紀元前十三世紀……117
殷の中興期　第一期の戦争　武丁代の「子」　二種類の「子」　帝へ

の信仰　甲骨占卜の改竄　武丁のカリスマ的支配
《武丁代の「婦」》

第5章　政治の転換と安定期の到来――紀元前十二世紀……147
王位継承者は誰か　殷代後期の系譜　対外政策の変化　狩猟の政治利用　信仰と祭祀の変化　安定期の到来
《二系統の甲骨文字の謎》

第6章　動揺、集権化、そして滅亡――紀元前十一世紀……183
「酒池肉林」の説話と実在の帝辛　対外戦争の再発　狩猟日の増加と戦争の勝利　先王祭祀の盛行　特異な暦「周祭暦」の復元　第五期の期間の修正　戦争の年代　王権の増大　盂の反乱と殷の滅亡　反乱の原因は何か

終章　殷王朝の歴史的位置……225
殷王朝の政治的変遷　殷王朝の遺産　周王朝の新制度　貴族制社会への転換

あとがき　241
主要参考文献　246
甲骨文字・金文の出典一覧　253

本書の凡例

・甲骨文字資料は書き下しと日本語訳で提示した。書き下しにはすべてルビを振ったが、後代に残っていない文字については「△」とした。

・書き下しや日本語訳を含めて新字体・現代仮名遣いで統一している。

・「…」は原典の欠損部分、「…（略）…」は筆者が省略した部分である。また、日本語訳のうち「〔 〕」は筆者が補った部分、「（ ）」は語句に対する説明である。

・カッコ内の古代文字は、特に説明がない場合はすべて甲骨文字の字形である。

・殷王について時代順が重要になる場合には、即位順（正確には殷代末期の祭祀順）を「大乙(1)」「祖乙(12)」のように表示した。

・本文で引用した甲骨文字・金文の出典は本書の末尾に掲載した。

殷

中国史最古の王朝

序章　甲骨文字に記された殷王朝の社会

劉鶚『鉄雲蔵亀』
（上：表紙、下：第1片）

殷王朝の伝説と甲骨文字の発見

本書が取り上げる殷《いん》王朝は、今から三千年以上も前に中国に存在した古代王朝である。殷王朝については、司馬遷《しばせん》が著した『史記《しき》』の殷本紀《いんほんぎ》という篇に詳しい記述があるが、『史記』が作られたのは前漢《ぜんかん》代の中期（紀元前九十年に成書）であり、殷王朝の滅亡から約千年が経過していた。

そのため、『史記』における殷王朝の記述には虚実が入り交じっており、特に各々の王の事績は、ほとんどが後代に作られた物語である。

例えば、殷の最後の王である紂《ちゅう》（帝辛《ていしん》）が酒に溺《おぼ》れて政治を顧みなかったという「酒池肉林《しゅちにくりん》」の伝説がよく知られている。そのほか殷の始祖である契《せつ》については、母親が玄鳥《つばめ》の卵を飲んで妊娠したという記述があり、また建国者である湯王《とうおう》（天乙《てんいつ》）には、鳥獣と意思を疎通したとする説話などがある。しかし結論を先に言えば、これらはすべて事実ではなく、殷が滅びた後に作られた物語なのである。

ただし、それが判明したのは近代になってからのことである。『史記』が作られた前漢代だけではなく、それ以後の時代も、殷王朝に関する確かな記録が発見されなかったため、物語について事実かどうかを検証する手段がなく、「酒池肉林」などが長きにわたって信じられてきた。

そうした資料状況は、十九世紀末に甲骨文字《こうこつもじ》が発見されたことで大きく変化した。甲骨文字は殷王朝の後期（紀元前十三～前十一世紀）に作られた一次資料（同時代資料）であり、しかも王や貴族が主宰した占いの儀式、すなわち占卜儀礼《せんぼくぎれい》の記録であるため、王朝の中枢部における情報を豊富に含んでいた。

甲骨文字の発見者は、当時の国子監祭酒《こくしかんさいしゅ》（文部長官）だった王懿栄《おういえい》という人物であるが、実はその経緯が明らかになっていない。かつては、マラリアの薬として売られていた「竜《りゅう》骨《こつ》」に古代の文字が刻まれていることを王懿栄が発見したと言われていた。しかし、これは話がよく出来すぎているうえ、実際には薬にするときに粉末にするため文字が読めなくなるので、現在では、この話は後に誰かが作ったものと考えられている。

いずれにせよ、甲骨文字を発見したのは王懿栄であったが、彼は清代末期に起こった義和《ぎわ》団《だん》事件に巻き込まれて自殺した。その後、客人であった劉鶚《りゅうがく》（号は鉄雲《てつうん》）が一九〇三年に『鉄雲蔵亀《ぞうき》』と題して甲骨文字を発表し、多くの人々の知るところとなった。

図表1　漢字の変遷

一九〇〇年代から一九一〇年代には、羅振玉《らしんぎょく》や王国維《おうこくい》らが甲骨文字研究の中心的な役割を果たしており、彼らによって文字の解読が進められた。甲骨文字は、現在の漢字と直接の継承関係があるため、他文明の古代文字、例えばエジプトのヒエログリフやオリエントの楔形《くさびがた》文字などと比べて容易に解読することができた。

例えば、甲骨文字の「人」という文字は「」という形をしており、これは立った人間を側面から見た状態を表している。左に突き出た短線が腕であり、縦線の曲がった部分が腰と膝である。これが後の時代にも継承され、西周《せいしゅう》王朝（紀元前十一～前八世紀）で多く作られた金文《きんぶん》（青銅器の銘文）や秦《しん》王朝（紀元前三世紀）の篆書《てんしょ》、漢代（紀元前三～後三世紀）の隷書《れいしょ》などを経て、現在でも使われ続けているのである（図表1参照）。

このように、甲骨文字と現在の漢字（楷書《かいしょ》）は、字形の違いは大きいものの、文字として歴史的につながっている。「人」であれば、楷書の一画目は人間の頭と腕の部分であり、二画目は胴体と足にあたる。

同様に「馬（）」や「象（）」も、もとは動物の姿を文字にしたものであり、上に頭部、

左に脚がある。図表1のように、甲骨文字では馬の特徴である鬣《たてがみ》や象に特有の長い鼻などが分かりやすく表現されており、これが形を変えながらも現在まで受け継がれた。楷書の「馬」の右上にある三本の突き出た線は馬の鬣が変化したものであり、「象」の上にある「ク」のような形は象の鼻の部分である。

文法という点から見ても、甲骨文字の文法は後の時代のもの、すなわち漢文とよく似ており、いわゆる「書《か》き下《くだ》し」を応用して読むことができる。

図表2に挙げたものは、甲骨文字の拓本《たくほん》の一例である。甲骨文字は、家畜の肩甲骨《けんこうこつ》や亀の甲羅を用いた占い（甲骨占卜《こうこつせんぼく》）の記録を甲骨そのものに彫刻したものであるため、紙を押し付けて上から墨を塗布することで、彫刻された文字の窪《くぼ》みを写し取ることができる。

←←←←←

貞《と》ウ、今日《きょう》不《ざ》ルカレ雨《あめ》フラ。

図表2　甲骨文字の文章例（『甲骨文合集』12077。上下の横線は段落分けの記号）

甲骨文字の「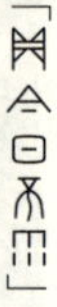」は、現在の漢字で「貞今日不雨」にあたり、「貞《と》う、今日《きょう》雨《あめ》ふらざるか」と訓読できる。

この文章の冒頭にある「貞」は、それ以下の内容を占ったことを意味する。厳密に言えば、下に続く文章を目的語とする他動詞であるが、占いの文章が長くなるため、「曰《いわ》く」などと同様に先に読むのが一般的である。また「今日不雨」は、後の時代の漢字とほぼ同じ意味であり、その日に雨が降らないかどうかを言っている。

甲骨文字は三千年以上も前の古代文明で作られたものであるが、このように文字資料として非常に扱いやすいという特徴がある。本書でも、殷王朝についての解説には、原典である甲骨文字を書き下しと日本語訳で提示する。

ところで、殷王朝の研究において使用される資料には、甲骨文字のほかにも文献資料と考古資料がある。このうち文献資料は、殷王朝の時代に作られたものではなく後代の著作であるため、すでに述べたように事実ではない物語が多く混入しており、記述の信憑《しんぴょう》性が低い。また、長い歴史を通して書写によって伝えられたため、誤字や欠落も発生している。

考古資料については、同時代のものであり存在自体は信頼できるが、遺跡や遺物は多様な解釈ができるので、歴史的意義の特定が難しいという短所がある。

これらに対し、甲骨文字は同時代の資料であり信頼性が高く、しかも文字（文章）で記されているため解釈の選択肢を絞ることができる。つまり甲骨文字は、殷王朝の社会や歴史について、より確実に知ることができる資料なのであり、本書も甲骨文字を重視して述べていくことにしたい。

甲骨文字の研究史

甲骨文字は、発見から三十年ほど経過すると、ただ解読するだけではなく、歴史や思想の研究にも応用されるようになった。このころの研究者としては董作賓《とうさくひん》や郭沫若《かくまつじゃく》が有名であり、その後、陳夢家《ちんぼうか》や胡厚宣《こうせん》らも甲骨文字研究に加わった。

董作賓は、貞人《ていじん》（占卜儀礼の担当者）を発見したことで知られている。甲骨文字では「貞」の前に様々な文字が置かれることが多く、発見当初は意味が分からなかったが、董作賓はこれが貞人の署名であることを明らかにした。

さらに董作賓は、甲骨文字の時期区分もおこなっており、字体や貞人などを元にして第一期から第五期までの五期に区分した。近年その順序について異論が提示されたが、五期区分という方法自体は現在でも有効である（第5章で詳しく述べる）。

郭沫若は、甲骨文字のほか金文や唐詩《とうし》など多様な研究をおこなったが、殷王朝の研究としては「奴隷制時代《どれいせい》」の学説が知られている。これは殷の支配体制に関する重要な問題であり、かつ複雑な議論であるため、本書の第3章で詳しく検討する。

その後、一九三七年に日中戦争が起こり、研究活動の継続を難しくした。さらに、中国では日中戦争終結後も国共内戦が勃発し、結果として研究者も大陸と台湾に分かれることになった。前述のうち郭沫若・陳夢家・胡厚宣は大陸に残り、董作賓は台湾に移住した。

一九四九年にこれらの戦乱が収束した後、中国では再び甲骨文字の研究が進められるようになった。また戦後には、日本でも甲骨文字研究が盛んになり、貝塚茂樹《かいづかしげき》・島邦男《しまくにお》・池田末利《いけだすえとし》・白川静《しらかわしずか》・赤塚忠《あかつかきよし》・伊藤道治《いとうみちはる》・松丸道雄《まつまるみちお》（生年順）などが活躍した。陳夢家『殷虚卜辞《いんきょぼくじ》綜述《そうじゅつ》』と島邦男『殷墟卜辞研究《いんきょぼくじけんきゅう》』は、当時の殷王朝研究の双璧である。

しかし中国では、一九五八年に始められた「大躍進政策」の失敗によって全国規模の飢饉《ききん》が発生し、数千万人が餓死するという社会状況になった。さらに、一九六六年に起こった「文化大革命」においては、極端な思想統制や研究者への迫害がおこなわれた。

文化大革命はきわめて非論理的な破壊活動であり、学術の内容だけではなく、知識人であること自体が糾弾の対象とされた。その結果、中国全土で数百万人とも数千万人とも言われる虐殺が発生し、甲骨文字の研究者のうち陳夢家もここで命を落とすことになった。

一方、日本でも一九七〇年代以降に甲骨文字の研究者が減少し、殷王朝研究に大きな発展が見られなくなった。前掲の研究者たちの成果を受けて、引き続き研究を進めようとする者が少なかったのである。初期の研究者には高名な学者が多かったので、あるいはその批判が難しいという理由があったのかもしれない。

こうして日中ともに甲骨文字研究が停滞したのであった。ただし、中国では一九七〇年代に文化大革命が収束した後、古代文字の資料整理については進めることが可能になった。

それまでは甲骨文字が個別に収集されており、拓本も個別の研究者によって出版されていた。そのため出版された拓本集は数十種にのぼり、調査や分析を煩雑にしていた。こうした状況に対し、既刊の拓本の大部分を収録したものが『甲骨文合集《こうこつぶんがっしゅう》』であり、郭沫若を主編とし、胡厚宣が協力して作られた。これは非常に便利な資料集であり、本書が引用する甲骨文字も『甲骨文合集』からのものが多い（本書の末尾に出典一覧を掲載した）。

その後も、発掘によって新たに出土した甲骨文字が発表されたり、甲骨文字の索引や辞典などが製作されたりした。新しい拓本集としては『小屯南地甲骨《しょうとんなんちこうこつ》』『甲骨文合集補編《こうこつぶんがっしゅうほへん》』『殷《いん》墟花園荘東地甲骨《きょかえんそうとうちこうこつ》』などがある。

甲骨文字の索引としては、一九六七年に出版された島邦男『殷墟卜辞綜類《いんきょぼくじそうるい》』が世界初であるが、数十種の拓本集が原典であり、また釈字《しゃくじ》（甲骨文字を楷書に置き直したもの）を掲載していないため扱いが難しかった。これに対し、一九八九年に出版された姚孝遂《ようこうすい》主編『殷墟《いんきょ》甲骨刻辞類纂《こうこつこくじるいさん》』は『甲骨文合集』を原典とし、また釈字を付しているため使いやすい。

近年では、中国でも殷代史の研究が再び盛んになってきているが、中国（および台湾）では、伝統的に文献資料の権威が強く、整理された甲骨文字資料があまり活用されていないという欠点が見られる。詳しくは本書の第1章以降に述べるが、殷王朝の支配体制や王の系譜などの研究において、いまだに同時代資料である甲骨文字が軽視されているのである。また、中国では政府による思想統制が厳しいので、大局的な分析や科学的な歴史観の構築が難しいという理由もあるようだ。

甲骨文字の資料的価値

先に述べたように、文献資料の殷王朝に関する記述には、作られた物語が多く含まれているが、甲骨文字の発見以前にはそれが鵜呑《うの》みにされていた。しかし、近代に甲骨文字が発見され、その解読が進んだことにより、文献資料の記述を検証することが可能になった。

前述のように「酒池肉林」は後代の創作であるが、これも甲骨文字の解読によって判明したことである。詳しくは本書の第6章で述べるが、後に「紂王」と呼ばれ暴君の代名詞とされた帝辛は、甲骨文字によれば熱心に政治活動に取り組んだ王であり、決して暴君でもなければ暗君でもなかった。

また、超自然的な出生をしたという契の神話についても、それが事実ではないことは多くの研究者が認めるところである。さらに、契の名そのものが甲骨文字には見えないので、殷代の神話ですらなく、殷の滅亡後に付加されたものと考えられる。

このように、甲骨文字と文献資料との間には、殷王朝に対する認識に食い違いがあるが、前述のように同じ時代に作られた資料である甲骨文字の方が信頼でき、殷王朝の研究においては資料的価値が高いのである。

一方、後代の文献資料に掲載された説話は事実に基づかない部分が多く、そのため非合理的な記述になっている。『史記』殷本紀は殷の滅亡から約千年も後に作られたものであり、そのほか春秋《しゅんじゅう》時代（紀元前八～前五世紀）の詩を集めた『詩《し》（詩経《しきょう》）』や、上古の聖人の布告文（実際には後代の作）を集めた『書《しょ》（尚書《しょうしょ》）』にも殷王朝に関する記述があり、これらは『史記』よりは早く作られたものの、やはり殷の滅亡からは何百年も経過している。

また、戦国時代（紀元前五～前三世紀）の思想家である孟子《もうし》の言説を記録した『孟子』や、戦国時代の魏《ぎ》国の年代記である『竹書紀年《ちくしょきねん》』などにも殷王朝への言及があるが、やはり資料的価値は同時代に作られた甲骨文字とは比較にならない。

したがって文献資料については、殷王朝の資料というよりも、むしろ甲骨文字と対比させ批判の対象として用いることになる。殷王朝の社会や歴史は、一次資料である甲骨文字を中心にして分析することで、はじめて復元することが可能になるのである。

ただし、同時代資料といえども万能ではない。甲骨文字は占卜の記録であるため、占いの対象にならないことは記されず、必然的に記述に偏りが生じている。そのため殷王朝の研究は一部で推測に頼らざるを得ない場合があることを、あらかじめ注意しておきたい。

また、本書は殷王朝の社会や歴史を解説することを主題としているので、文字の成り立ちや文法の構造などは、説明を必要最低限にとどめることにしたい。甲骨文字そのものに関心がある方は、宣伝のようで恐縮だが、拙著の『甲骨文字の読み方』（講談社現代新書）や『甲骨文字小字典』（筑摩選書）をお読みいただきたい。

第1章　殷王朝の前期・中期

二里岡遺跡出土の青銅器（河南省文物研究所・鄭州市文物考古研究所『鄭州商代銅器窖蔵』。器種は方鼎）

二里頭文化の王朝

中国では、紀元前六千年ごろに各地で新石器文化が出現し、農耕や牧畜のほか、土器や竪《たて》穴《あな》住居の技術などが普及した。その後、数千年をかけて日用品や装飾具などの加工技術が発達し、また土木建築が大規模化した。

そして、紀元前三千年紀になると墓の副葬品に大きな格差が見られるようになり、これは集落の中で強い権力を持ったリーダーが出現し、貧富の差が拡大したことを示している。この時代の新石器文化としては、黄河《こうが》中流域の中原竜山《ちゅうげんりゅうざん》文化、下流域の山東竜山《さんとうりゅうざん》文化、長《ちょう》江《こう》下流域の良渚《りょうしょ》文化などが知られている。

これらの地域のうち、最初に王朝が出現したのは黄河中流域であり、考古学的な分類では中原竜山文化に続く二里頭《にりとう》文化（紀元前二千～前千六百ごろ）の時代である。二里頭文化は、農耕や牧畜などの生産形態については新石器文化と大きな違いはないが、青銅器と王都が出現したことが特徴である。

図表３　二里頭文化の青銅器（楊錫璋・高煒主編『中国考古学　夏商巻』。左：鼎、右：爵）

青銅は、銅に錫《すず》などを加えた合金であり、錆《さ》びたときの青緑色の印象が強いが、本来は淡い金色を呈していた。そのため、武器や工具だけではなく祭礼の器としても使用され、王の宗教的権威を高める役割があった。

図表３は二里頭文化の青銅器であり、左の「鼎《てい》」は食物を煮炊きする器、右の「爵《しゃく》」は酒を温める器である。これらは土器の形状を模して作られているが、青銅器については日用品ではなく、祖先や神を祀《まつ》る際に使われたものである。

当時の王都は、現在の河南《かなん》省偃師《えんし》市に置かれており、約四平方キロメートルの範囲から住居跡や青銅器工房のほか、大小ふたつの宮殿が発見された。用途については、政治的な建築物（公宮《こうきゅう》）や祖先を祀る施設（宗廟《そうびょう》）など諸説あるが、一号宮殿（約一万平方メートル）と二号宮殿（約四千平方メートル）のいずれも、新石器時代とは隔絶した規模の巨大建築である。

この王朝の支配地域は、文化的な共通点がある遺跡の分布から、黄河中流域の比較的広い範囲（現在の河南省の大部分および山西《さんせい》省・陝西《せんせい》省の一部）に及んだと推定されている。これは後代の王朝よりは狭いものの、新石器時代の都市に比べてはるかに広い領域を支配しており、「王朝」と呼ぶにふさわしい規模である。また、宮殿などを建築するためには多くの人々を動員することが必要であり、このことも支配圏の広さを示している。

なお二里頭文化の王朝は、文献資料に記された「夏《か》王朝」と同一視されることもあるが、両者は想定される時代が近いものの、内容に食い違いが大きい。

例えば、文献資料では夏王朝の支配範囲が「九州《きゅうしゅう》」であったとされているが、「九州」には沿海地域の兗《えん》州・青《せい》州・徐《じょ》州、あるいは長江流域の揚《よう》州・荊《けい》州・梁《りょう》州などが含まれており、黄河中流域のみを支配した二里頭文化の王朝の実態とは異なっている。また、最後の王である桀《けつ》が暴君であったとする伝説が知られているが、紂王の「酒池肉林」伝説と酷似しており、それを模倣して作られたものにすぎない。

要するに、「夏王朝」は後代に作られた神話であり、二里頭文化に実在した王朝とは直接の関係がないのである。日本では、このことがよく理解されており、便宜上「夏王朝」と呼ぶことはあっても、文献資料の記述をそのまま受け入れている研究者はほとんどいない。しかし、中国ではいまだに文献資料の権威が強く、桀王の説話などを信じている研究者も見られるので注意が必要である。

ちなみに、二里頭文化に実在した王朝については、名前が伝わっていない。そもそも、二里頭文化に続く「殷王朝」も自称ではなく殷を滅ぼした周王朝による命名であり、おそらく王朝の名前を付けるということ自体が周代に始まった文化であると考えられる。

殷王朝の成立

二里頭文化に続く二番目の王朝が殷である。二里頭文化の王朝については当時の文字資料が発見されていないため、専ら考古学の対象であるが、殷王朝は同時代資料である甲骨文字が大量に発見されており、これ以降が歴史学（中国史学）が対象にできる時代となる。

殷代の前期は、二里岡《にりこう》文化（紀元前十六～前十四世紀）に区分され、現在の河南省鄭州《ていしゅう》市二里岡に都が置かれた。二里岡遺跡は「鄭州商城《ていしゅうしょうじょう》」とも呼ばれ、「商」は殷の別称である。ただし「商」は、厳密には殷代後期の都の名であるため、本書は「商王朝」ではなく「殷王朝」の呼称を用いている。

文献資料の伝説では、殷の湯王が夏の桀王を滅ぼして建国したとされているが、前述のように、桀を暴君とするのは後代の説話である。そのほかにも文献資料には湯王を神聖視する説話が多く、野の鳥獣と意思を疎通し、命令を聴かないものだけが網にかかるようにしたと

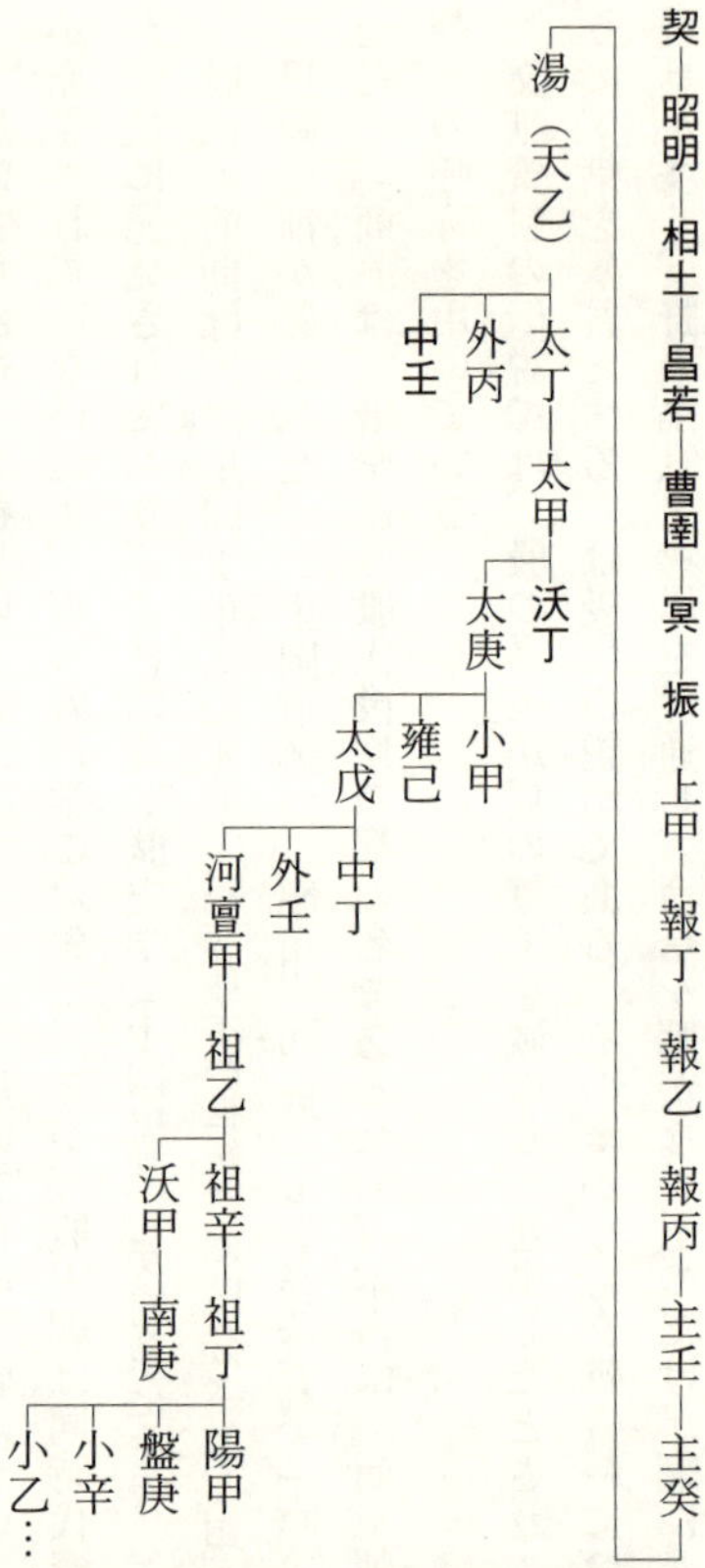

図表４『史記』殷本紀記載の系譜（殷代後期を除く。太字は甲骨文字に見られない名前）

いう記述も見られるが、これが創作されたものであることは言うまでもないだろう。中国では伝統的に建国者を神聖視する文化があり、湯王と同様に周の武王《ぶおう》やその父の文王《ぶんおう》にも多くの説話が作られている。

さらに、『史記』殷本紀などには、湯王より前についても十三代の系譜が記されているが、このうち契《せつ》から振《しん》までの七名は、殷代後期に作られた甲骨文字では祖先祭祀の対象になっていない。それどころか、これらは名前そのものが甲骨文字に全く見られないので、殷代には存在すら認識されていなかったと考えられる（図表4参照）。

つまり、これらの七名は殷滅亡後に追加された神話だったのである。殷代には死者に十干《じっかん》（甲乙丙丁戊己庚辛壬癸《こうおつへいていぼきこうしんじんき》）で名付けるという文化があり、上甲《じょうこう》以後はすべてそれに従っているが、それ以前の七名は名前に十干を付しておらず、この点も殷王朝の神話ではなかったことを示している。

従来の研究では、契の母親が玄鳥の卵を飲んで妊娠したという神話について、それを殷王朝の信仰とする前提で分析することが多く、例えば部族トーテムの名残であるとか、東方の異民族の影響であるとか論じられていた。しかし、甲骨文字には契の名すら見られないのであり、少なくとも殷王朝の神話ではなかったことは確実である。

また、契だけではなく、その母親とされる有娀《ゆうじゅう》氏（『詩経』や『史記』などに記載）も甲骨文字には記されておらず、玄鳥を神聖視する記述も殷代の資料には見られない。契や有娀氏は殷の滅亡後に加えられた神話なのであり、殷王朝の歴史研究には使えないのである（もっとも周代の神話学としては有用である）。

殷王朝の始祖が契ではないとすると、殷代には誰が始祖とされていたのだろうか。甲骨文字の祖先祭祀を見ると、上甲が筆頭になっており、これが殷代において始祖として認識されていた人物ということになる（図表5参照）。

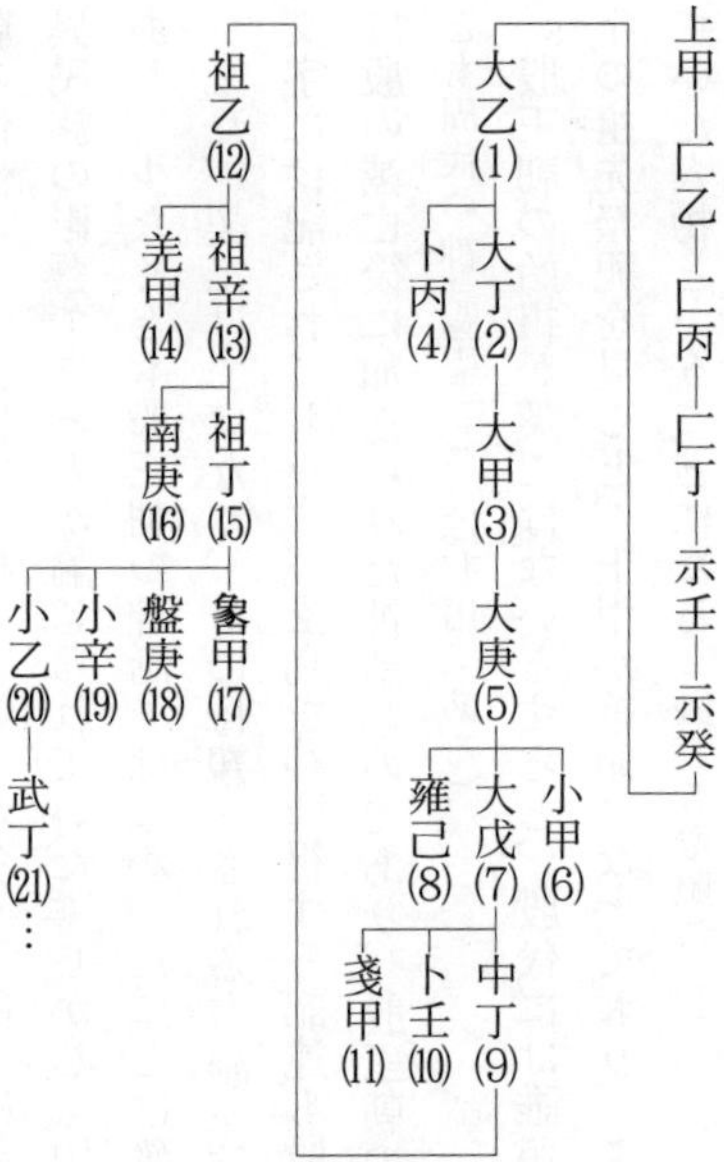

図表5　甲骨文字末期の祖先祭祀（殷代後期を除く。数字は建国者の大乙以後について祀られる順番を示した。島邦男『殷墟卜辞研究』・落合淳思『殷代史研究』などによる）

ただし、図表5のうち上甲・匚乙《ほういつ》・匚丙《ほうへい》・匚丁《ほうてい》・示壬《しじん》・示癸《しき》（文献資料では匚が報、示が主になっており、また一部の順序も誤っている）の六名についても、十干の順番通りであるため、これらも実在の祖先ではなく、形式的に作られた神話ではないかと考えられている。特に、上甲から匚丁は、示壬以降とは異なり甲骨文字に配偶者の祭祀（第3章で述べる）が見られないので、この四名は確実に神話であり、実際の歴史とは見なせないというのが現在の見解である。

結局のところ、現状の文字資料からは、殷の建国までについて何も分からないに等しいのである。その一方で、近年には考古学の調査が進められ、それによって殷王朝の樹立に至るまでのおおよその経緯が分かるようになった。

殷の人々は、建国以前には黄河下流（当時は黄河の本流が現在より北にあった）の北岸一帯に居住しており、文化的には二里頭文化に近いものの、土器の種類や建築様式に若干の相違が見られる。つまり、二里頭文化の王朝とは別の勢力だったのであり、王朝交代も平和裏におこなわれたのではなく、軍事力による征服であったと考えられている。

これと関連するのが、二里頭遺跡の東約六キロメートルの地点に建設された殷王朝の副都であり、これは「偃師商城《えんししょうじょう》」と呼ばれる。偃師商城が建設された経緯は、次のような理由であったと推定される。

殷の人々は新たな王朝を建てたものの、前王朝の人々の方が政治知識や青銅器の製作技術などを豊富に持っていたため、支配下に組み込むことが必要であった。しかし、もとは王朝を維持するだけの軍事力を持っていたのであるから、警戒することも必要である。そこで、首都である二里岡遺跡（二里頭遺跡の東約七十キロメートル）だけではなく、二里頭遺跡のすぐ近くに副都である偃師商城も建設し、前王朝の人々を強く支配しようとしたのである。

ちなみに、殷を滅ぼした周王朝でも、これと同じようなことがおこなわれた。西方の周は

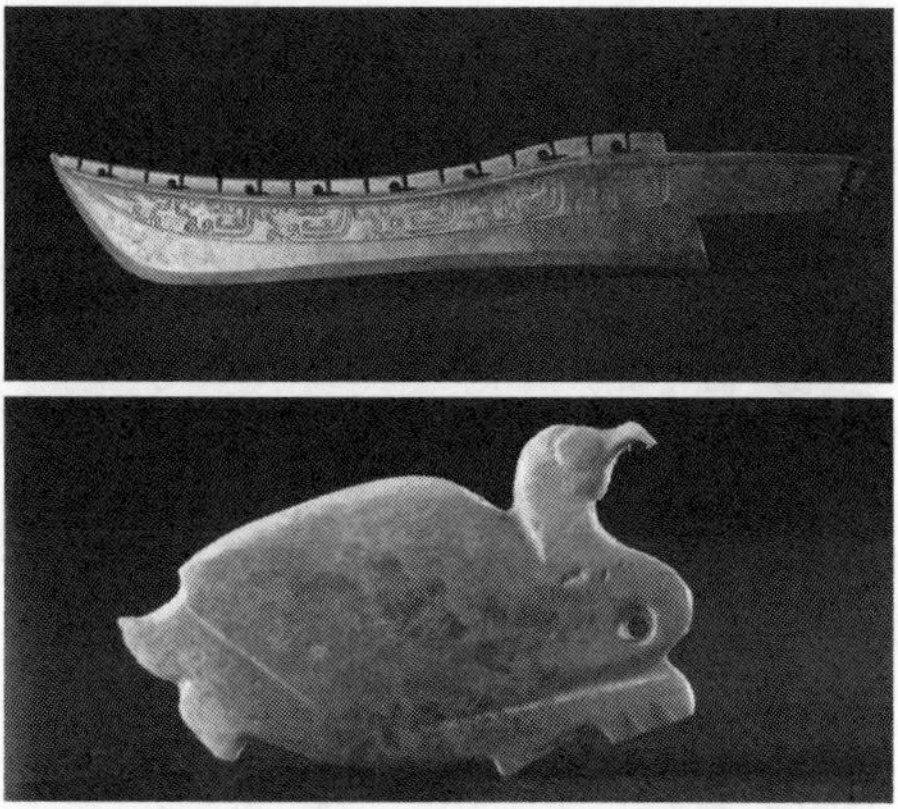

図表6　殷代の玉器（中国社会科学院考古研究所『安陽殷墟出土玉器』。上：玉刀、下：玉鳥。玉鳥には他の玉器と紐でつなぎ合わせるための穴が開けられている）

殷を滅ぼした後、本拠地の宗周《そうしゅう》に首都を置いたが、殷王朝の王畿《おうき》（中心地）に近い成周《せいしゅう》にも副都を建設した。これによって前王朝の人々を管理・支配したことが周代の金文に記されている。

殷代の文明

殷王朝は、二里頭文化の技術を継承しただけではなく、それを大きく発展させており、代表的なものが青銅器である。殷代前期にあたる二里岡文化の青銅器は、二里頭文化のものに比べて文様が精緻になっており、当時の加工技術の高さを示している。また器形も荘厳であり、前掲の図表3（17頁。二里頭文化）と本章の扉（15頁。二里岡文化）を比較して見ると分かりやすいだろう。

なお、殷代の青銅器の精巧さは、当時の工具を用いて作ろうとすると、現代でも再現が不可能と言われるほどであり、王朝がその権力を注ぎ込んで製作したものと考えられている。

なぜこれほどまでに青銅器の製造に力が入れられたのかについては、本書の第3章で詳しく述べたい。

そのほか、貴石を用いた玉器《ぎょっき》も盛んに作られており、主に装飾品として使用された。当時の玉器には、幾何学的な形のほか、武器や動物を模したものも見られる（図表6参照）。

図のうち玉刀《ぎょくとう》については、柄は木製であったため腐食して失われたようであるが、刀身や背の部分の飾り彫りはよく残っている。また、玉鳥《ぎょくちょう》はカモを模したものと推定されており、羽をたたんだ様子が表現されている。

殷代における文明の発達は、こうした器物だけではなく、都城の巨大化にも表れている。殷代の前期には、大規模な城壁が建設されており、土木技術の進展や王朝権力の大きさを示している。

図表7に、殷代前期の副都である偃師商城の発掘図を挙げた。この都市は、当初は城壁が小規模であり、厚みも六〜七メートルほどであった（図中の細い線）。その後、ややいびつな形状で都市が増築され、南北約千七百メートル、東西最大約千二百メートルに拡大し、城壁も厚みが約二十メートル、高さは推定十メートルという巨大な規模で作られた（図中の太い線。古い城壁は増築後に撤去された）。

殷代の大都市は、丘のような城壁が周囲に巡らされていたのである。しかも、単なる土盛

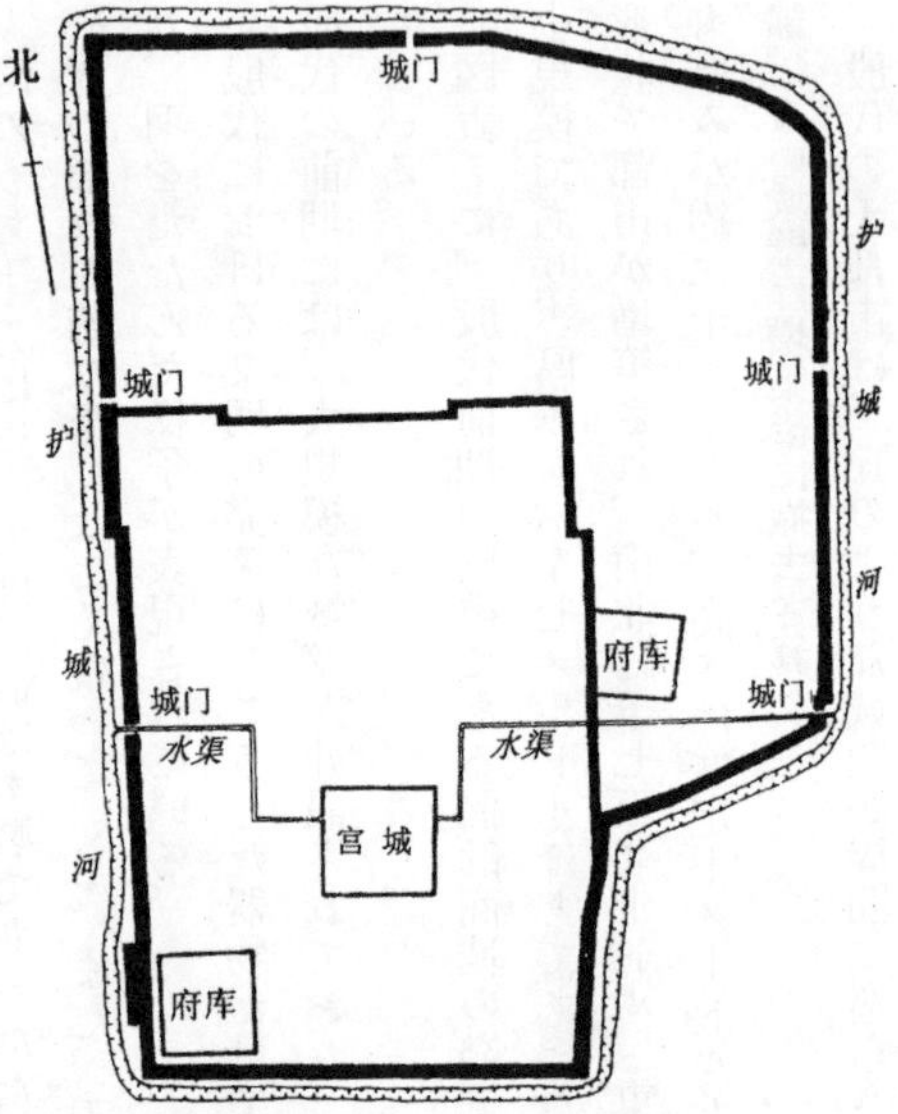

図表７　偃師商城の発掘図（杜金鵬『偃師商城初探』。細い線は当初の城壁、太い線は増築後の城壁。宮城は宮殿区画、水渠は上下水道、府庫は倉庫群）

りではなく、棒で目の細かい泥を突き固める「版築《はんちく》」という技法で作られており、非常に堅固な構造になっていた。偃師商城は、版築城壁の建設だけで延べ一千万人あるいはそれ以上が動員されたと推定されている。

城壁以外にも、偃師商城からは宮殿・城門や倉庫群なども発見されており、かなり整備された都市であったことが分かる。また宮殿区画には上下水道や貯水池も完備されており、貯水池の前には祭祀儀礼をおこなうための広場も設けられていた。

殷代前期の首都である二里岡遺跡についても、増築後の偃師商城とほぼ同じ規模の城壁が建設されており、約千八百メートル四方の都市を囲んでいる。宮殿や貯水池なども発見されており、それぞれの配置は異なるものの、両者は類似した都城設計だったようだ。

殷王朝の王や貴族は、こうした整った環境で豊かな暮らしをしていたのである。一方、当時の農民は新石器時代とほとんど変わらない生活をしており、それと比較すれば、きわめて大きな格差と言えるだろう。

ただし、古代文明において王朝が成立するためには、指導者の権力が増大することが必要であり、それは必然的に貧富や身分の格差を生み出すものであった。つまり古代文明では、格差があってはじめて巨大な政治組織が出現し得たのであり、平等を重んじる現代とは逆に、格差の拡大が社会の発達をもたらした時代だったのである。

支配領域の拡大

近年の考古学研究により、殷王朝は前期において支配圏を急激に広げたことが指摘されているが、これは文化圏の拡大から推定されることである。厳密には、文化圏と支配圏は必ずしも一致しないのだが、相対的な拡大縮小は論じることができる。

図表８に殷の文化圏を示した。殷王朝の成立当初における文化圏は、ほぼ二里頭文化圏を継承したものであり、黄河中流域に限定されていたが、その後、飛躍的に拡大した。殷代前期の辺境地域の遺跡からは、戦争の痕跡が発見されており、殷王朝の領域拡大には軍事的な征服があったと考えられている。

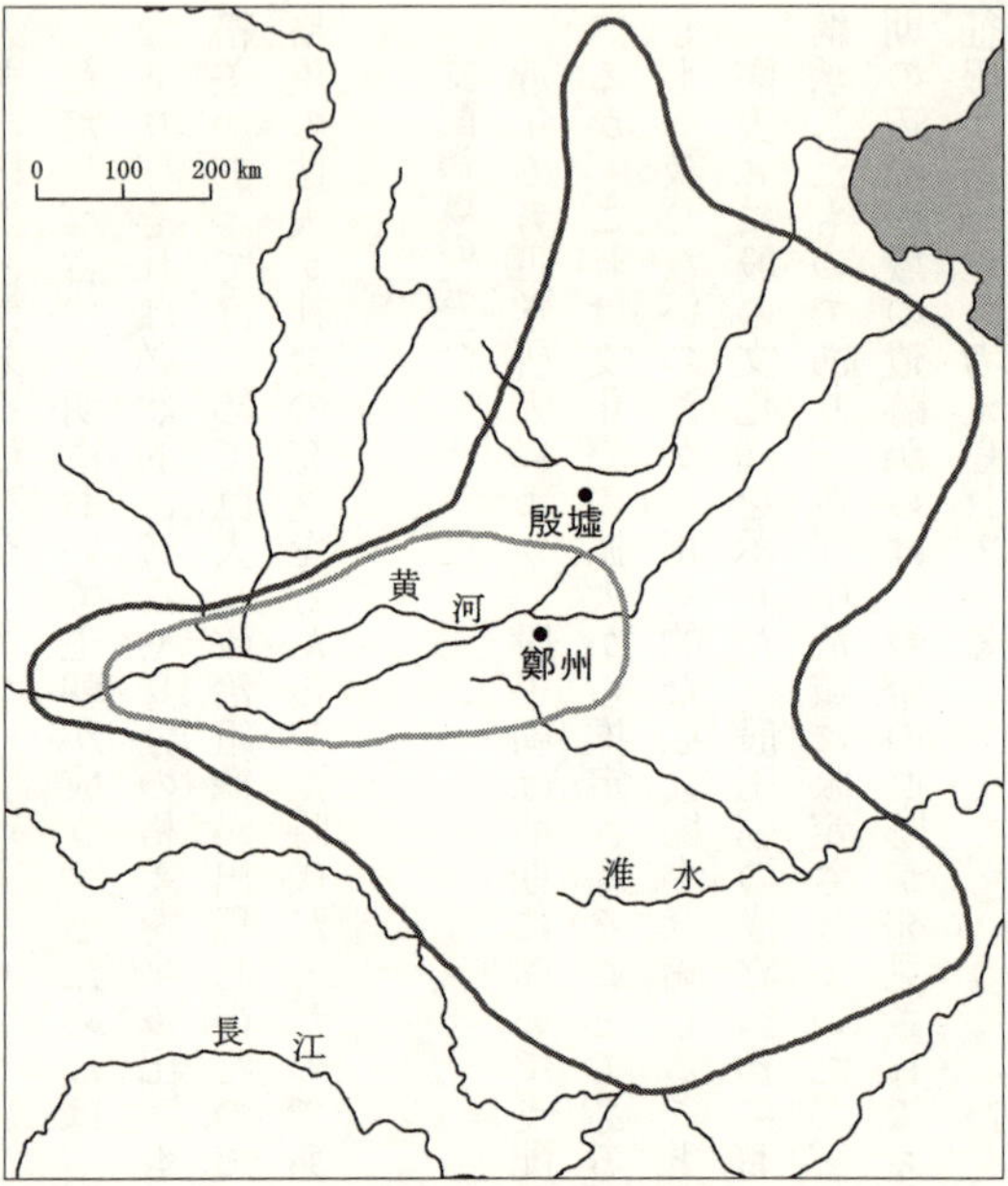

図表８　殷の文化圏（王立新『早商文化研究』を元に筆者が作成。薄い線が紀元前16世紀、濃い線が紀元前14世紀）

ただし、王朝の領域は各方向に均等に拡大したわけではなかった。図表8のように、北西から南西にかけてはほとんど広がっておらず、特に北西方面は異文化地域が首都の近くまで食い込むような形になっている。この地域は殷代後期になっても敵対勢力が多く残っており、頻繁に戦争が発生した。

一方、北と南には大きく拡大している。北方は、当時の黄河本流に沿う地域であり、前述のように殷の人々が建国する前に居住していた土地であるため、比較的容易に支配下に入れることができたと思われる。

南方については、二里頭文化の時代には別の文化（石家河《せっかか》文化）が存在したので、かなり積極的に進出し、既存の文化を押しのけた結果と言えるだろう。殷代には青銅器が最先端の道具だったが、長江中流域には大きな銅鉱山があったため、その地域を支配する意図があったと考えられている。また、当時は子安貝《こやすがい》の貝殻も貴重品として流通していたが、南方の海浜で産出するため、その交易ルートの確保も意図されていたのかもしれない。

なお、拡大した領域を殷王朝がどのように支配したのか、あるいは異文化地域にどのように対処したのかという問題については、第2章で述べることにしたい。

殷代前期の系譜

ここからは、系譜に関する資料を元にして殷王朝の前期・中期の歴史を見ていきたい。

殷の建国以前の系譜については、前述のように文献資料と甲骨文字で食い違っていたが、湯王を建国者とする認識は両者に共通している。甲骨文字では上甲を血縁上の始祖と見なすものの、最も多く祀られているのは湯王にあたる「大乙《たいいつ》（大乙）」であり、これは建国者という認識を反映していると考えられる（カッコ内は甲骨文字の字形。以下も同じ）。

『史記』などの文献資料と甲骨文字との間には、王名に使われる文字の相違も見られる。後代において、発音が近い別の文字を当てたり、あるいは字形が近い文字に置き換わったりしたのであり、「匚乙」から「報乙」、「卜壬《ぼくじん》」から「外壬」などの変化がある。そして、建国者の「大乙」も、文献資料では「天乙」と表記されている。

なお、『史記』は「天乙」を名とし、「湯」を王号とするが、甲骨文字の慣習では諡号《しごう》（死後に与えられる名）に十干を付すので、天乙（大乙）の方が諡号であり、湯（甲骨文字では「唐《とう》（）」）が名のようである。

また、文献資料では湯王を「成湯《せいとう》」と呼ぶこともあり、甲骨文字では大乙に「成（）」の別名も用いられているが、殷代の資料には「成唐」とつなげた呼称は見られず、それが現れるのは周代になってからである。

本書では、文献資料の記述について述べる場合には「湯王」を用い、甲骨文字の記述については「大乙」の呼称を使うことにする。そのほかの殷王も同様に、文献資料の記述の場合には『史記』などの表記を用い、甲骨文字の説明ではその表記を使用する。また、系譜上の位置については、後述するように追加された王名などがあるため様々な数え方ができるが、本書は便宜上、殷代末期の祭祀順（前掲の図表5参照。22頁）を用いて順番を表示し、「大乙⑴」や「祖乙《そいつ》⑿」のようにする。

建国後の殷王朝について、文献資料では伊尹《いいん》という人物が湯王の補佐をしたとされている。『孟子』万章《ばんしょう》上篇では、伊尹は湯王の死後も王朝を支え、湯王の孫の太甲《たいこう》（甲骨文字では大《たい》甲《こう》⑶が暗君だったため桐宮《とうきゅう》へ追放し、三年後、改心した太甲を都に迎え入れたとする。しかし『竹書紀年』では内容が異なっており、伊尹は太甲を桐宮に追放して王位を簒奪《さんだつ》し、七年後、太甲がひそかに桐宮を脱出し、伊尹を殺して王位を取り戻したとされている。『竹書紀年』は、『孟子』と同じく戦国時代（紀元前五〜前三世紀）に作られた資料であるが、『孟子』より古い伝承を残していることが多い。一方、『孟子』には伝説の改変が多く見られ、これは孟子個人の理想を歴史に投影した結果のようである。したがって、伊尹についても『竹書紀年』がより古い説話であり、『孟子』の内容は後に作られたものと考えられる。

そして、殷代に作られた資料である甲骨文字にも、伊尹（）は祭祀対象として見られるが、大乙や大甲との関係は明示されておらず、また生前の事績も記されていないため、実際にはどのような人物だったのかを読み取ることはできない。おそらく、『孟子』だけではなく『竹書紀年』の記述も後代の創作と思われる。

そのほか殷代前期の説話としては、『尚書』の序文では太戊《たいぼう》（甲骨文字では大戊《たいぼう》⑺）に伊《い》陟《ちょく》や巫咸《ふかん》という賢臣がいたとされており、このうち巫咸は甲骨文字の祭祀対象として見える「咸戊《かんぼう》（）」であると言われるが、やはり甲骨文字からは具体的なことが分からない。

このように殷代前期についても、文字資料からは各王の具体的な事績がほとんど分からないのである。また王の系譜に関しても、建国以前の部分と同じく『史記』殷本紀と甲骨文字には食い違いが見られる。

それぞれの系譜は前掲の図表4・5（20・22頁）に示したが、『史記』では王とされている「中壬《ちゅうじん》」と「沃丁《よくてい》」は、甲骨文字には全く見られない。したがって、これらも前述の契などと同様に、殷滅亡後に系譜上に追加された王名ということになる。

この二名については、『孟子』万章上篇に「湯崩《とうほう》じ、太丁未《たいていいま》だ立《た》たず（即位前に死去したこと）、外丙二年《がいへいにねん》、仲壬四年《ちゅうじんしねん》（年数は在位期間）」という記述があり、また『尚書』に「沃丁篇」（序文だけが残り、本文は散佚《さんいつ》）があることから、実在を支持する研究者もいる。

しかし、いずれの文献も『史記』よりは早いものの、春秋戦国時代に作られたものであり、資料的価値は殷代の甲骨文字に及ぶべくもない。なお、甲骨文字は殷代の後期に作られた資料であるが、殷代の前期・中期に関しては文字資料がほとんど発見されていないため、現状では甲骨文字が最も信頼できるのである。

さらに、殷王の系譜については、甲骨文字の内部にも食い違いが見られる。前掲の図表5は甲骨文字の末期（紀元前十一世紀）の段階での祭祀対象を示したものであるが、図表9に挙げた甲骨文字の初期（紀元前十三世紀）における祭祀対象と比較すると、初期には雍己《ようき》(8)・卜壬(10)・戔甲《せんこう》(11)が見られない。

殷代の末期には、雍己は「第八代の王」と見なされており、卜壬・戔甲もそれぞれ「第十代の王」「第十一代の王」とされているが、これらは実際には王位に即《つ》いた人物ではなく、殷代後期において追加された神話ということになる。

雍己・卜壬・戔甲と同じく傍系の王とされている卜丙《ぼくへい》(4)と小甲《しょうこう》(6)についても、甲骨文字の初期には記述数が少なく、卜丙は九例、小甲は四例にとどまる（数字は『殷墟甲骨刻辞類纂』による。以下も同じ）。それ以外の殷代の前期・中期の王のうち、最も少ないものでも大戊の十四例であり、大乙（「成」や「唐」の呼称を含む）・大甲・祖乙は百例以上にのぼる。それらと比較すると、卜丙と小甲の二名も王位に即いた人物ではなく、当初は「王ではない祖先」と認識されていた可能性がある。

ちなみに甲骨文字には、先王以外の祖先に対しても祭祀をおこなったことが記されており、初期の甲骨文字にも羸甲《らこう》（十五例）、内乙《ないいつ》（六例）、掃壬《そうじん》（三例）などが見られる。

したがって現状の資料では、ある程度の確実性をもって実在を考えられる殷代前期の王は、

```
上甲─匚丁─匚乙─匚丙─示壬─示癸┐
┌─────────────────────────────┘
大乙─大丁─大甲─大庚─大戊─中丁─祖乙
    （卜丙）    （小甲）
```

```
象甲　盤庚　小辛
祖辛　祖丁　小乙
羌甲　南庚
```

図表９　甲骨文字初期の祖先祭祀（カッコ内は用例が少ないもの。落合淳思「甲骨文世系の成立と変遷」および『殷代史研究』などによる）

大乙・大丁《たいてい》・大甲・大庚《たいこう》・大戊・中丁《ちゅうてい》・祖乙の七名であり、多くともこれに小甲・卜丙を加えた九名までとなる。そして、殷代後期に雍己・卜壬・戔甲が系譜上に追加され、さらに殷の滅亡後に中壬・沃丁の神話が加えられたのである。

なお、中壬・沃丁が甲骨文字に見られないことは、早くも一九五〇年代に、陳夢家や島邦男が発見していた。しかし、当時は系譜が固定的なものという先入観があったようで、時期ごとの変化という視点では分析されていなかった。そのため、初期の甲骨文字に雍己・卜壬・戔甲も見られないことまでは注意が向けられなかったのである。

その後も、甲骨文字研究の停滞によって系譜の分析は遅々として進まなかった。また前述のように、中国では今も文献資料の権威が強いため、雍己・卜壬・戔甲のみならず、中壬・沃丁までも実在の王と見なされることが多い。

結局、甲骨文字について時期別に系譜が分析されたのは近年になってからのことであり、二〇〇一年に筆者が大学院生のときに発表したものが世界初の研究であった。

なお大乙から祖乙の七名についても、殷代後期の甲骨文字に記された王名であり、必ずしも同時代資料とは言えない。しかし、殷代前期は二世紀あまりであったと推定され、一世代は三十年程度であるのが一般的なので、七世代は一応矛盾がない数字と言えるだろう。

殷代中期の混乱

殷王朝は、建国から二世紀あまりが経過した紀元前十四世紀において、それまで安定していた王統に混乱が発生した。

『史記』殷本紀は「中丁《ちゅうてい》より以来《いらい》、適《ちゃく》（嫡子）を廃《はい》して更《こも》ごも諸弟子《しょていし》（多くの弟や子）を立《た》て、弟子《ていし》或《ある》もの争《あらそ》い相《あ》い代《か》わり立《た》ち、九世《きゅうせい》に比《およ》び乱《みだ》る」としており、中丁⑼から陽甲《ようこう》（甲骨文字では𠭯甲《しょうこう》⒄）までの九人の王にわたって王室内部の継承紛争があったとする。

また『尚書』にも「盤庚篇《ばんこう》」があり、盤庚⒅が殷代後期の都へ遷都し、王朝の中興を成し遂げたことが記されている。

そのため、かつては盤庚によって混乱が治められたという考え方が主流であった。しかし、甲骨文字の分析が進むと、殷代後期の都であった殷墟《いんきょ》遺跡（現在の河南省安陽市《あんよう》）から出土した甲骨文字は、武丁《ぶてい》㉑の時代のものが最古であり、盤庚やそれに続く小辛《しょうしん》⒆・小乙《しょういつ》⒇の時代のものは含まれていないことが明らかになった。

つまり、『史記』殷本紀や『尚書』盤庚篇の年代観は、事実とは異なっていたのであり、実際には、殷代中期の混乱は武丁の時代にはじめて収束したのである。前漢代に作られた『史記』はもちろんのこと、『尚書』盤庚篇についても文中に「天命」や「百姓《ひゃくせい》」など殷代には存在しなかった概念が使われており、いずれも後代の創作であって殷代の記録としては扱えないのである。

このように混乱の収束は武丁代の出来事であったが、一方の開始時期はいつなのだろうか。この問題については同時代の文字資料が現存しないため、推測に頼らざるを得ないが、筆者は先に述べたような時期ごとの系譜の分析をしていた際に、初期（武丁代）の甲骨文字に特徴的な部分があることを発見した。

初期の甲骨文字には、様々な方法で先王を祀ったことが記されているが、その中に「直《ちょっ》系合祀《けいごうし》」と呼ばれるものがある。これは文字通り、系譜上の直系の王を合わせて祀るものであり、次のように世代順に古い王から新しい王へと列記される（本書は書き下しと日本語訳で歴史資料を提示する。「…」は原典の欠損部分。出典は本書末尾を参照）。

・成《せい》・大丁《たいてい》・大甲《たいこう》・大庚《たいこう》・大戊《たいぼう》・中丁《ちゅうてい》・祖乙《そいつ》に侑《ゆう》するに…。

○成（大乙の別名）・大丁・大甲・大庚・大戊・中丁・祖乙に祭祀をするが…。

・翌乙酉《よくいつゆう》、侑《ゆう》するに、五示《ごし》なる上甲《じょうこう》・成《せい》・大丁《たいてい》・大甲《たいこう》・祖乙《そいつ》に伐《ばつ》せんか。

○次の乙酉の日、祭祀をするが、五名の祖先である上甲・成（大乙）・大丁・大甲・祖乙に対して犠牲の首を切り落とす儀礼をしようか。

一例目は建国者である成（大乙⑴）に始まり、祖乙⑿までの連続した七名の直系王を対象とする祭祀について占っている。ただし、祭祀儀礼の内容を記した部分は原典の甲骨が欠損しており不明である。二例目は直系のうち五名を抽出して祭祀対象としており、「五示」は「五名の祖先」の意味である。いずれの直系合祀も祖乙までで終わっているが、この二例に限らず、初期の甲骨文字に記された直系合祀は祖乙より後には及んでいない。

つまり、祖乙より後は系譜上の位置づけができていないのであり、直系・傍系を明示できないほどの継承紛争があったことを反映していると考えられる。したがって、文献資料では中丁⑼から混乱期が始まったとするが、実際には祖乙⑿より後が混乱期であり、前述のように武丁(21)がそれを治めるまで続いたことになる。

なお、初期の甲骨文字には、祖乙以前とそれ以後で信仰上の違いも見られる。祖乙以前の先王は祭祀対象としての記述がほとんどであるが、祖乙以後については祟《たた》りの主体になる記述も多く、次のような例がある。

・貞《と》う、祖辛王《そしんおう》に祟《たた》るか。貞《と》う、祖辛王《そしんおう》に祟《たた》らざるか。
〇占った、祖辛は王に祟るか。祖辛は王に祟らないか。
・貞《と》う、歯《は》を疾《や》むは、惟《こ》れ父乙《ふいつ》壱《たた》れるか。

○占った、歯の病気になったが、これは父乙（小乙）が祟ったのか。

一例目は、祖乙の後の王である祖辛《そしん》⒀が王（武丁）に祟るかどうかを占ったものであり、吉凶の両者を提示する対貞《たいてい》という占卜形式を用いている。二例目は王（武丁）の歯の病気について、小乙⒇が祟ったかどうかを占っており、小乙は武丁の先代であることから「父乙《ふいつ》」と呼称されている。

現実には死者が祟りによって病気を発生させたりはしないのだが、殷代にはそうした信仰があったようで、祖乙以降の先王には祟りを降す存在としての記述が見られる。間接的ではあるが、この点も祖乙を境界として殷王朝に変化があったことを示している。

祖乙は、甲骨文字では始祖の上甲や建国者である大乙と並んで多く祀られている。殷の系譜上で祖乙が重視されたことについて、『史記』や『尚書』は祖乙が名君だったためと解釈するが、実際のところは、祖乙が統一期（殷代前期）の最後の王であり、その後、分裂した各勢力（後述）が「祖乙の子孫」であることを正統性の根拠としたことが原因なのであろう。

推定される王統

前項で述べたように、殷王朝は中期（紀元前十四～前十三世紀）において混乱が発生しており、しかも甲骨文字の当初の段階では、どの王が直系かを明示することもできない状態であった。

王室に内紛があったとしても、もし『史記』が言うように「諸弟子（多くの弟や子）」が王位を継承したのであれば、血縁関係をたどって誰が直系かを判断することは容易だったはずである。しかし実際には、誰が直系かを明確にできなかったのであるから、殷代中期の混乱は単なる内紛ではなく、「分裂」と呼ぶべき状況が発生していたと考えるのが妥当である。

それでは、殷代中期の分裂とは、どのような形だったのだろうか。これも筆者の研究であるが、初期の甲骨文字には、殷代中期の王に直系が明示されないだけではなく、祭祀に特定の組み合わせが多いという特徴も見つかった。

	祖辛	祖丁	小乙	象甲	盤庚	小辛	羌甲	南庚	合計
祖辛		17	12	1	2	2	4	3	41
祖丁	17		16	3	2	4	6	3	51
小乙	12	16		4	6	5	6	6	55
象甲	1	3	4		14	13	1	1	37
盤庚	2	2	6	14		12	0	0	36
小辛	2	4	5	13	12		2	1	39
羌甲	4	6	6	1	0	2		7	26
南庚	3	3	6	1	0	1	7		21

図表10　初期の甲骨文字における殷代中期の先王の同版関係（姚孝遂主編『殷墟甲骨刻辞類纂』を元に集計）

図表10にそれを一覧にしたが、祖辛・祖丁《そてい》・小乙の三名、そして象甲・盤庚・小辛の三名は、初期の甲骨文字ではセットで祭祀されていることが多い。それぞれのグループは内部で同版《どうはん》（同一の

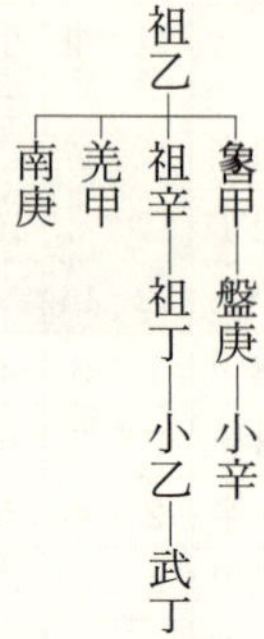

図表11　推定される殷代中期の実際の王統（落合淳思『殷代史研究』による）

甲骨片に見えること）が十例を超えており、継承関係が明記されなかったとはいえ、強い関係があることは認識されていたのである。

　したがって、混乱期においては両者がそれぞれ一系を形成していたと考えられる。殷代中期は、考古学的な調査から一世紀ほどの期間と推定されているので、それぞれ三世代の直系継承とすれば、年数にも矛盾はない。

　また、残りの羌甲《きょうこう》と南庚《なんこう》のうち、近年に殷墟遺跡の近くから発見された一群の非王卜辞《ひおうぼくじ》（王ではなく貴族が主宰した甲骨文字）では祖乙と羌甲が多く祀られていた。この甲骨群は、主宰者が「子《し》」を称することから「子組《しそ》」と呼ばれるが、おそらく羌甲はその祖先だったのであろう。南庚については、また別種の非王卜辞である「午組《ごそ》」に見られ、その祖先と推定される。

　そして、これらの系統のうち、混乱を治めた武丁が最も多く祭祀をおこなったのが祖辛・祖丁・小乙の系統であり、武丁はその子孫であると考えられる。また、武丁は母を「母庚《ぼこう》」として祀っているが、これは武丁死後の甲骨文字では小乙の配偶とされているので、この点からも武丁は小乙の実子であったとするのが妥当である。

以上をまとめると図表11のようになる。殷王朝は祖乙を最後に分裂し、実際の血縁関係か、それとも「祖乙の子孫」を自称しただけなのかは分からないが、複数の王統が出現したのである。そして、約一世紀後に武丁によってそれが再統一された。しかし、再統一は他者を征服する形ではなく、支配下に取り込む形でおこなわれたため、祖先祭祀についても尊重され、王の系譜として組み込まれたのである（殷代後期の派閥については第5章で述べる）。

殷代中期の系譜は、最終的には前掲の図表5（22頁）のように一系のものとして再構成されたが、実際には複数の派閥に分裂しており、武丁代の祭祀は系譜が再構成される前の状態を表していたのである。

なお、先に挙げた殷代前期の系譜もそうであるが、文献資料に記された殷の系譜は、一見すると「兄弟による王位継承」が多い。しかし、それは二次的に改編された結果なのであり、実際には後代の王朝と同様に父子による継承が中心だったのである。

地理的な分裂と再統一

ここまでに述べたように、殷王朝は前期には安定して支配圏を拡大したが、中期に混乱が発生した。甲骨文字を元に分析すると、その混乱とは祖乙以降の王統の分裂であったと推定され、百年ほど後に武丁によって再統一された。

混乱期について、春秋戦国時代に作られた『尚書』や『竹書紀年』では、殷王朝が遷都を繰り返したとしている。しかし、これは「諸弟子」による王位継承を前提にした記述であり、実際には地理的に分裂し、それぞれの王統が各地で独自の本拠地を築いていたとするのが妥当である。

考古学の調査により、殷代中期には二里岡遺跡（鄭州商城）が首都機能を失ったことが判明している。しかも、それに代わる巨大な都城が存在しなくなり、殷代中期には各地に中規模の遺跡が見られるだけである。おそらく、そのうち幾つかが分裂した勢力の本拠地だったのであろう。

殷代中期の遺跡で最も大きなものは、殷代後期の都である殷墟遺跡に隣接する洹北商城《えんほくしょうじょう》である。武丁は殷墟遺跡に都を置いたので、洹北商城はその系統である祖辛・祖丁・小乙の根拠地であったと考えられる（そのほかの勢力は今のところ根拠地不明）。

一方、文献資料に記された「遷都」については、『尚書』の序文によれば、湯王が「亳《はく》」に都を置いた後、中丁が「囂《ごう》（『史記』では隞《ごう》）」に遷都し、河亶甲《かたんこう》が「相《しょう》」、祖乙が「耿《こう》（『史記』では邢《けい》）」に移ったとする。また『竹書紀年』では、それに加えて南庚が「奄《えん》」に遷都したとする。

しかし、混乱期は祖乙⑿以後なのであるから、それ以前の中丁⑼の時代には、遷都をする必然性がない。さらに河亶甲（甲骨文字では戔甲(11)）に至っては、前述のように殷代後期に追加された王名であり、実在の人物ですらない。

都市の名という点から見ても、湯王（大乙）が都を置いた「亳（〓）」については甲骨文字にも見え、また亳付近の土地である「亳土（〓〓）」を神格化した記述があるので、これは殷代前期の都（二里岡遺跡）と考えて間違いないだろうが、それ以外は甲骨文字では地名として見られない。したがって、これらの「遷都」についても殷代の実態ではなく、春秋戦国時代に作られた説話であると考えられる。

なお、古代中国では都市の周囲に城壁を設けることが多かったが、前述のように版築で作られるため非常に堅く、何百年あるいは何千年と残ることもある。殷代前期の首都であった二里岡遺跡では、現在ですら殷代の城壁の一部が地表に数メートルの高さで残っているほどである。

おそらく春秋戦国時代には、各地に古い時代の城壁が数多く残っており、それを元にして「旧王朝の都」という伝説が作られていったのであろう。例えば『春秋《しゅんじゅう》左《さ》氏伝《しでん》』という文献には古帝王の都城跡が多く記されており、「祝融《しゅくゆう》の虚《きょ》」（昭公《しょうこう》十七年〈前五二五年〉。虚は墟と同じく都城跡の意味）や「少皞《しょうこう》の虚」（定公《ていこう》四年〈前五〇六年〉）などの記述があるが、祝融も少皞も実在の確かめられない神話である。

さて、殷代中期の混乱を治めた武丁であるが、甲骨文字が作り始められたのは再統一を達成した後だったため、その経緯について詳しくは分からない。ただ、ひとつ言えることは、武丁は独裁的な政治権力を持っておらず、また他勢力を圧倒するほどの軍事力もなかったということである。前述のように他勢力の祖先を系譜上に組み込んでいることからも、支配の弱さをうかがい知ることができるだろう。そうした武丁の支配体制については、本書の第2章で詳しく述べたい。

また、武丁は自身の宗教的権威やカリスマ性を高めることでも支配体制を構築していた。これは第3章と第4章で解説する。

なお、中国の地形はヨーロッパや日本などと比べて平坦《へいたん》であるため、結果として各地域の独立性が弱くなり、再統一において有利に働いたであろうことも付け加えておきたい。これは後代でも同じであり、中国は歴史上で何度も分裂を繰り返したが、短い場合で数年、長い場合では数百年にわたる内乱を経て、必ず統一王朝へと回帰した。武丁政権はその最初の例だったのである。

《系譜の合成》

本章で述べたように、殷の系譜は固定的なものではなく、殷代後期になってから「殷代前期の王」が追加され、さらに殷の滅亡後も伝説の付加がおこなわれた。

殷王朝の建国以前から中期までの系譜としては、前漢代に著された『史記』殷本紀には三十五名が記載されているが、初期の甲骨文字に見られるのは二十三名であり、少なくとも十二名は実在の人物ではなかったのである。

特に殷本紀の冒頭部分にある契から振までの七名は、甲骨文字には一人も見られず、すべて殷の滅亡後に追加された神話である。ここでは、契に始まる神話について、誰がどのような目的で系譜に追加したのかを考えてみたい。

その際に鍵になるのは、「微《び》」という文字であると筆者は考えている。『史記』では、振に続く上甲を「微」という名で表記しており、戦国時代に作られた『国語《こくご》』という文献でも「上甲微」（魯語《ろご》上篇）と呼ばれている。

しかし、大乙（天乙）の名である成や唐（湯）とは異なり、甲骨文字では上甲の名として「微」は使われていない。つまり、契から振だけではなく、上甲の名とされる「微」も殷の滅亡後に追加されたものだったのである。

殷の滅亡後、周代において殷の系譜を保持していたのは、「殷の末裔《まつえい》」を称した宋《そう》という諸侯《しょこう》（地方領主）であると推定され、宋の君主が作った金文でも「天乙唐《てんいつとう》の孫《そん》（孫は子孫の意）」を自称している。そして、『尚書』や『史記』などの文献資料により、宋の初代の諡《おくりな》が「微子《びし》」であることが知られている。二代目は弟の「微仲《びちゅう》」であり、その子の三代目に初めて「宋公《そうこう》」の名が見え、このことから宋に領地を得たのが三代目であることが分かる。

さらに、この「微」という文字は、殷代の甲骨文字にも記されており、次のように殷王朝の支配下の土地またはその領主を意味して用いられている。なお、文中の⿺辶戋や阬は後代に使われなくなった文字であり、こうした文字は現代の読みがないので、本書ではルビに△をつけている。

・癸巳卜《きしぼく》して微《び》に在《あ》りて貞《と》う、王射《おうしゃ》に⿺辶戋《△》するに、往来《おうらい》に災《わざわ》い亡《な》きか。阬十終《△じっしゅう》を作《な》せり。

○癸巳の日に甲骨占卜をして微の地で占った、王は射の地で軍事訓練をするが、往復途上に災いはないか。阬十終（不詳）をした。

・貞《と》う、微《び》禍《わざわい》亡《な》きか。王占《おううらな》いみて曰《いわ》く、「吉《きち》なり。微《び》禍《わざわい》亡《な》からん」と。

○占った、微は禍がないか。王が占って言った、「吉である。微は禍がないだろう」と。

殷の滅亡後に上甲の名とされた「微」、宋の初代と二代目の呼称に見える「微」、そして殷王朝の支配下にあった「微」の三者は、偶然同じ文字が使われたという可能性も否定はできない。しかし、三者が起源を同じくするならば、系譜の操作は次のような過程でおこなわれたと筆者は考えている。

①殷王朝の支配下にあった微は、周が殷を滅ぼす際に周の側に味方し、その後「殷の末裔」としての地位を認められた。

②「殷の末裔」としての正統性を主張するため、自己の系譜を殷王朝の系譜につなげた。契から振は微の始祖神話であり、結果として微における初代領主であろう「微」と本来は殷の初代であった「上甲」が同一視された（図表12参照）。また、微子と殷の最後の王である帝辛が「兄弟」（微子を庶兄《しょけい》〈年長の非嫡子〉とする）とされた。

③周代になってからの微の三代目が新たに宋に領地を得て、その君主になった。

微の系譜　契—昭明—相土—昌若—曹圉—冥—振—微……微子
殷の系譜　上甲……帝辛
合成系譜　契—昭明—相土—昌若—曹圉—冥—振—上甲（微）……微子
　　　　　　　　　　　　　　　　　　　　　　　　└帝辛

図表12　微（宋）と殷の系譜の合成（落合淳思『殷王世系研究』などによる）

このように考えれば三者の「微」を整合的に解釈することができる。前述の順番で言えば、三者はそれぞれ微の初代領主、周代初期の微、殷代の微だったのである。

なお殷の人々は、王朝が滅亡した後もある程度の勢力を保っており、周王朝に対しても大規模な反乱を起こしている。しかも、その首謀者である禄父《ろくほ》（同時代の金文では彔子聖《ろくしせい》）は殷王の子孫であったと考えられている。

彔子聖の反乱は、周王朝が鎮圧に成功したものの、殷王の子孫に権益を持たせることが危険であるという認識を与えるには十分だっただろう。したがって、周に服属した微を「殷の末裔」と見なすことには、実際の殷の末裔から権益を奪う目的があったと考えられるのであり、微だけではなく周王朝の利益にもなったのである。つまり、ここで述べた系譜の合成は、微（宋）と周王朝の合作ということになる。

第2章　殷王朝の支配体制

殷王による人員徴発を記した甲骨文字
(『甲骨文合集』6641。一番左が書き出しの
右行の文章)

甲骨文字の時期区分

前章で述べたように、殷王朝は中期に分裂したが、後に武丁によって再統一された。武丁は殷墟遺跡（殷代の呼称は「商（[illegible]）」）に都を置いており、ここを本拠として広大な地域を支配した。殷墟遺跡は、殷代前期の都であった二里岡遺跡（殷代の呼称は「亳（[illegible]）」）から見て、黄河（当時の本流）の下流方向に位置する。

武丁代に作られた甲骨文字は、董作賓が五期に区分したうち、最も早い第一期にあたる。五期区分のうち「第四期」の位置づけについては、第5章で述べるように大きな問題があり、それ以外についても若干の異論があるものの、第一期を武丁の統治期とすることはおおむね認められている。

第一期の甲骨文字は非常に数量が多く、全体の約半数を占めており、武丁代は最も盛んに甲骨文字が作られた時期であった。また、武丁の死後には甲骨文字の内容に多様性が乏しくなるが、第一期には祭祀・戦争・天候・収穫・災害・病気・出産など多くの事柄が対象になっており、殷王朝の社会や文化について最も情報が豊富である。

支配体制という点から見ても、第一期の甲骨文字には軍隊や地方領主の記述が多く、また戦争が多発していたこともあって、各地の状況が比較的詳しく記載されている。そこで、本章では第一期の甲骨文字を中心にして、殷代後期の支配体制を再現したい。

各地の敵対勢力

王朝を再統一した武丁であったが、いまだ多くの敵対勢力が残っていた。甲骨文字の記述によれば、その大部分は異文化地域の勢力であり、武丁代以前の段階から殷王朝に敵対していたと思われる。

第一期の甲骨文字に見える最大の敵は、𢀛方《ほう》（）と呼ばれた勢力である（𢀛は後代に残っていない文字）。方《ほう》（）とは殷王朝に服属していない勢力に付される呼称であり、現代の用語で「方国《ほうごく》」と呼ぶこともある。甲骨文字では「方」を省略することもあり、「𢀛方」であれば「𢀛」とする表記も見られる。

𢀛方は殷の都である商（殷墟遺跡）の北西方面に存在したと推定されている。この地域は、前章でも述べたように殷の文化圏に異文化が入り込むような形になっており、しかも殷代後期にはその近くに都を置いたため、必然的に軍事衝突が発生しやすくなっていた。

殷墟遺跡の北西には黄河の支流である汾水《ふんすい》があり、その流域に多くの敵対勢力が存在していた（図表13参照）。その中でも𢀛方は最大の勢力であり、第一期における方国の記述のうち、約半数を占めている。次に挙げた甲骨文字は、𢀛方との戦争について占っており、一例目は殷側の攻撃、二、三例目は𢀛方側の攻撃である。

・貞《と》う、今者《いま》、𢀛方《ほう》を伐《う》ち、祐有《ゆうあ》るを受《う》くるか。
〇占った、今、𢀛方を攻撃し、神の祐助《ゆうじょ》が得られるか。
・貞《と》う、𢀛方《ほう》出《い》づるに、惟《こ》れ我《われ》に禍《わざわい》を作《な》す有《あ》るか。
〇占った、𢀛方が出現したが、これは我々に禍をもたらすか。
・貞《と》う、𢀛方《ほう》其《そ》れ来《き》たり、王逆《おうむか》え伐《う》つか。
〇占った、𢀛方が襲来し、王が迎え撃つことになるか。

𢀛方は強大な敵であり、たびたび王都の近くにまで侵入した。しかし、それほど大きな勢力でありながら、文献資料には𢀛方の記録が皆無であり、後代には「𢀛」の文字すら残っていない。𢀛方は第一期において殷王朝と戦争を繰り返したが、それ以後の甲骨文字には見られなくなるので、最終的には武丁が𢀛方との戦争に勝利したと考えられる。

ただし、当時の異文化地域は集権的な政治組織ではなかったようであり、殷滅亡後の西周代や、さらに後の春秋時代においても、この地域には「狄《てき》」と呼ばれ野蛮視された勢力が存在していた。したがって、舌方についても部族集団の連合であり、武丁によって全体が殲滅《せんめつ》されたのではなく、頂点にあった舌の権力が崩壊したというのが真相であろう。

なお文献資料では、武丁は舌方ではなく「鬼方《きほう》」と戦ったとされており、『易《えき》（易経《えききょう》）』には「高宗《こうそう》（周代における武丁の呼称）鬼方《きほう》を伐《う》ち、三年《さんねん》にして之《これ》に克《か》つ」（既済《きせい》篇）とある。甲骨文字にも「鬼方（[illegible]）」という敵対勢力は見られるものの、

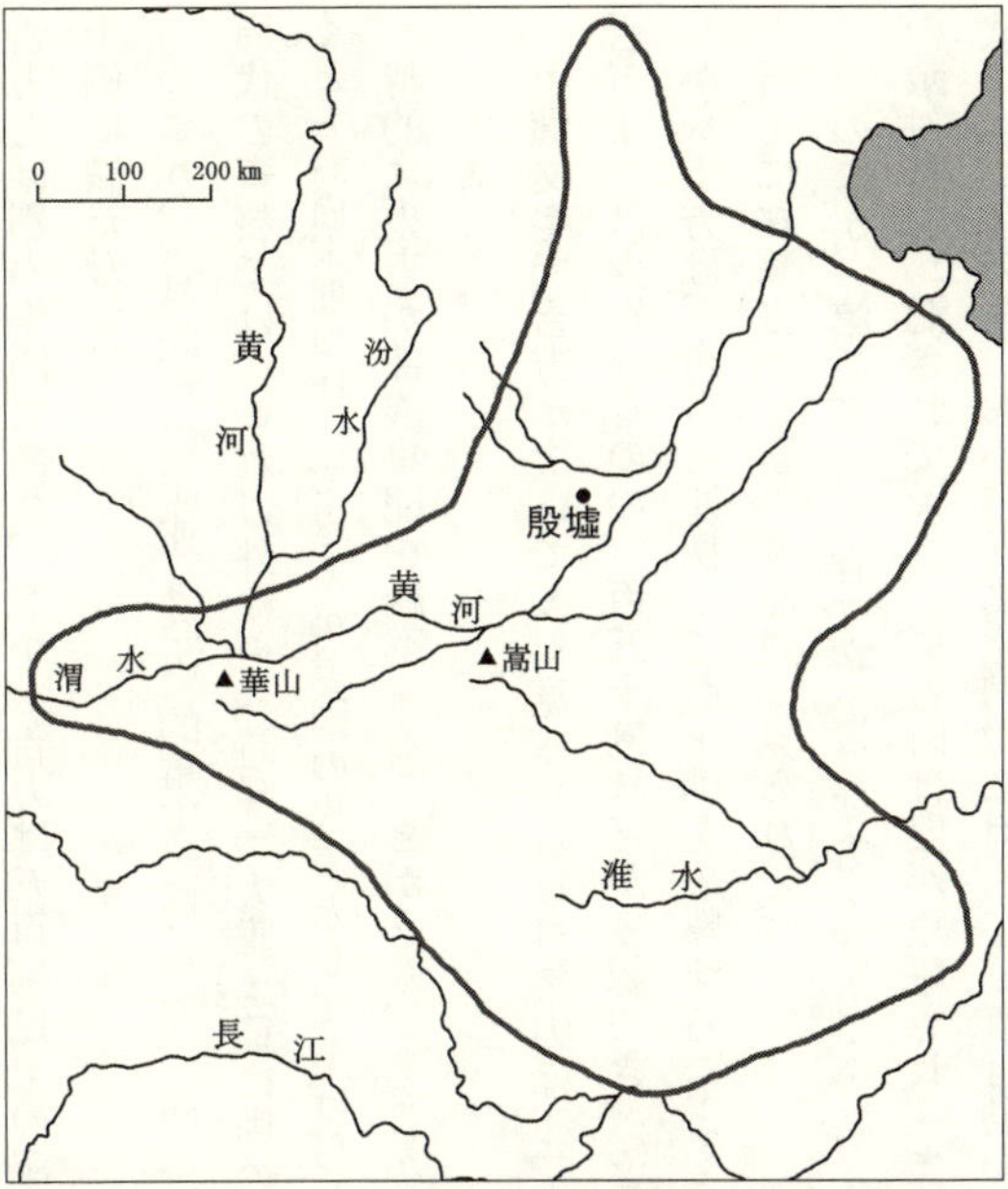

図表13　殷文化圏と山河の位置（前掲の図表8を元に作成）

舌方とは別の集団であり、しかも舌方は五百例以上の記述があるのに対し、鬼方については十例に満たない。

つまり、『易経』の記述は歴史的事実ではなく、周代に作られた説話ということになる。周代の資料では、これ以外にも『詩経』大雅《たいが》蕩《とう》篇に周の文王の言葉という設定（実際には早くとも西周末期の作）で鬼方が遠国の代表として挙げられている。おそらく、周代において一時的に鬼方が部族集団を統率することがあり、そこから殷代にさかのぼって伝説が作られたのであろう。

甲骨文字で舌方に次いで多く見られる敵対勢力は、「土方《どほう》（Ωオ）」である。土方の記述は舌方よりは少ないものの、百五十例ほどが確認でき、やはり強力な敵であったと考えられる。しかも土方は、舌方と連携して殷王朝を攻撃することもあり、甲骨文字には同一地域が土方と舌方に挟撃されたという記述が見られる。

そのほか、第一期の甲骨文字には蒙方《ぼうほう》・基方《きほう》・巴方《はほう》・竜方《りゅうほう》・危方《きほう》・妻方《せいほう》・人方《じんぽう》など多くの敵対勢力が記されており、ある時は殷が攻撃され、またある時は殷が方国を攻撃している。武丁は、多方面において異文化勢力に対して軍事行動を展開していたのである。

第一期の敵対勢力のうち、特殊なものは周と亘《せん》である。後に王朝を樹立する周（囲）は、渭水《いすい》流域に本拠があり、この地域は殷文化圏の最西端にあたるので、おそらく殷代前期には殷王朝に服属していたと思われる。しかし、武丁代の甲骨文字には、当初は殷に従わなかったため、武丁が配下の軍勢を派遣して服従を迫ったことが記録されている。

その結果、実際に戦闘が発生したかどうかは分からないが、甲骨文字には武丁が周に命令を下す記述が見られ、周が再び殷王朝の支配下に入ったことが確かめられる。

また、亘（己）は、第一期の甲骨文字には貞人（占卜儀礼の担当者）の名として見えるが、それとは別に敵対勢力として「亘方（己才）」の名もある。偶然、同一の文字を使っていたと見ることもできるが、敵対勢力としての亘の占卜は、貞人としての亘が担当していないので、両者は同一である可能性が高い。

つまり亘は、当初は領主が貞人として武丁に出仕していた（当時は領主が地名で呼称されることが多かった）が、その後、王都から逃亡して反乱を起こしたのである。ただし、領主が個人的に武丁と仲違《なかたが》いしたのか、それとも亘の地と殷王朝の間に利害の対立が発生したのかは、甲骨文字からは読み取れない。

甲骨文字によれば、武丁は配下の人物を派遣して逃亡した亘の領主を逮捕しようとしたが、実際に捕らえたという記述はなく、結果として反乱も継続した。亘が再び殷王朝の支配下に入ったのは、武丁の死後のことである。

そのほか、「湔《せん》」や「井《せい》」などにも、第一期の甲骨文字に服従と反抗の両方の記述が見られる。これらも殷王朝内部の反乱、または当初は反抗していた勢力が服従したものであろう。

王の軍事力

こうした敵対勢力に対し、殷王はどの程度の軍勢で対抗したのだろうか。『史記』のうち周王朝の事績を記した周本紀《しゅうほんぎ》という篇では、周の武王が殷を倒すにあたって「四万五千人」を集め、これに対して殷の紂王は「七十万人」を徴発したとしている。

しかし、中国史上で農民から徴兵する制度が普及したのは戦国時代であり、春秋時代までは効率的な人員徴発ができなかった。当然、殷王朝の段階で何十万人もの軍隊を準備することは不可能である。つまり、これらの数字は後代の創作なのである。

それでは、実際のところ殷王朝の軍隊はどれほどの規模だったのだろうか。第一期の甲骨文字には、次に挙げたように戦争に際して王（武丁）が人々を徴発する記述があるが、三千人が一般的であり、多い場合でも五千人であった。

・己未卜《きびぼく》して㱿貞《こくと》う、王三千人《おうさんぜんにん》を登《とう》し、呼《よ》びて妻方《せいほう》を伐《う》たしむるに、𢦏《か》つか。
○己未の日に甲骨占卜をして㱿が占った、王は三千人を徴発し、呼んで妻方を伐たせるが、勝つか。（原典は本章の扉に掲載。49頁）

・貞《と》う、人《じん》五《ご》千《せん》を登《とう》し、𢀛方《ほう》を見《み》さしめんか。

○占った、五千人を徴発し、𢀛方を偵察させようか。

ここで仮に「登」とした文字（）は、豆《たかつき》に食物を盛った形の「皀《きゅう》」と両手の形から成っており、癶《はつ》と豆から成る「登」とは別の文字である。字形としては神に供物を捧げる様子を表しており、そこから転じて王に人員などを供する意味になった。

ここで挙げた例のように、王が徴発できた人数は三千人から五千人であり、最大でも一万人を徴発したという記述が甲骨文字に一例見られるだけである。殷王朝の軍勢は、数十万人あるいは百万人以上を動員した後代の王朝と比べて、はるかに少なかったのである。

しかし、殷王朝は後代の王朝よりは領域が狭く、また人口密度も低かったものの、それでも支配下の土地には数百万人が生活していたと推定される。後代のような効率的な徴兵制が普及していなかったとはいえ、全人口の千分の一ほどしか動員できなかったのは、なぜなのだろうか。

その答えは、王の直接的な支配地の広さにあると考えられる。かつては、殷王は王朝全土を直接的に支配したと考えられており、次のような例も王が広大な領域を巡り歩いたものとされていた。

•戊午《ぼご》王卜《おうぼく》して貞《と》う、疐《ち》に田《でん》するに、往来《おうらい》に災《わざわ》い亡《な》きか。王占《おうらな》いみて曰《いわ》く、「吉《きち》なり」と。
辛酉王卜《しんゆうおうぼく》して貞《と》う、疐《けい》に田《でん》するに、往来《おうらい》に災《わざわ》い亡《な》きか。王占《おううらな》いみて曰《いわ》く、「吉《きち》なり」と。
○戊午の日に王が甲骨占卜をして占った、疐で狩猟をするが、往復途上に災いはないか。王が占って言った、「吉である」と。辛酉の日に王が甲骨占卜をして占った、疐で狩猟をするが、往復に災いはないか。王が占って言った、「吉である」と。

この甲骨文字は殷代末期（第五期）のものであり、王が支配下の都市で田《でん》（狩猟）をしたという記述である。当時の狩猟は単なる遊楽ではなく、軍事訓練を兼ねて支配地を視察し、また王の権力を誇示する役割があり、一種の政治的行動であった。

この例の場合には、古い考え方では戊午《ぼご》の日に疐《ち》で狩猟をした後、三日間かけて疐《けい》に移動し、三日後の辛酉《しんゆう》の日にまた狩猟をしたという解釈になる。かつては、このような記述をつなぎ合わせることで、殷王は何十日もかかって王朝全土を巡察したと想定し、「殷王の支配地域」を復元していた。

しかし、この解釈は誤っていたのである。具体的には、次のような例からそれが明らかとなる。

・辛未《しんび》王卜《おうぼく》して貞《と》う、疐《ち》に田《でん》するに、往来《おうらい》に災《わざわ》い亡《な》きか。王占《おううらな》いみて曰《いわ》く、「吉《きち》なり」と。
壬申王卜《じんしんおうぼく》して貞《と》う、軎《けい》に田《でん》するに、往来《おうらい》に災《わざわ》い亡《な》きか。王占《おううらな》いみて曰《いわ》く、「吉《きち》なり」と。
○辛未の日に王が甲骨占卜をして占った、疐で狩猟をするが、往復途上に災いはないか。王が占って言った、「吉である」と。壬申の日に王が甲骨占卜をして占った、軎で狩猟をするが、往復に災いはないか。王が占って言った、「吉である」と。（原典は図表14）

図表14　王による狩猟（『甲骨文合集』37751。上下の二段落であり、下段が先。いずれも一番左が書き出しの右行の文章）

先ほどの例と全く同じ狩猟地とその順であるが、日付の間隔が異なっている。先に挙げた例では戊午の日に疐、三日後の辛酉の日に軎で狩猟をしているが、この例では辛未《しんび》の日に疐で狩猟をした後、翌日の壬申《じんしん》の日に軎で狩猟をしている。古い考え方では狩猟日の間隔は移動距離に比例すると見なされていたが、三日の行程が一日になるというのは、かなり不自然である。

結論を言えば、殷代には狩猟が特定の十干の日に実施されていたのであり、ここで例を挙げた殷代末期であれば、乙・丁・戊・辛・壬の日がそれにあたる。つまり、一例目では戊から辛で三日、二例目では辛から壬で一日なのであり、狩猟の間隔は移動時間ではなく、設定された狩猟日の間隔にすぎなかったのである。

さらに、甲骨文字の文章をよく見ると、文中に「往来」という語句が含まれている。これは「往復」の意味であるから、実際のところは、殷王は狩猟地を巡り歩いたのですらなく、王都から一日で往復できる距離で狩猟をしていたのである。殷代には、遠方での戦争の場合には王が何日もかけて戦地へ移動をすることもあったが、狩猟や軍事訓練については、ここで挙げた例に限らず、ほとんどが一日で往復できる範囲でおこなわれていた。

当時は、後述するように王や貴族は馬車（戦車）を使用していたが、従者はおそらく徒歩だったので、それを考慮すれば、一日で現地まで往復し、かつ狩猟をする時間を確保できる距離は、半径十数キロメートル程度の範囲に限られる。つまり、殷代においては「王畿」と呼ぶべき地域はごく狭かったのであり、王が強く支配できたのは都の付近だけであったと考えられる。

考古学の調査によれば、その範囲ですでに二十以上の小都市が発見されており、甲骨文字にも「三十邑《さんじゅうゆう》（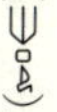）」の語があるので、三十ほどの都市が王の直轄地だったのであろう。王畿以外にも、殷王は黄河の渡し場や殷代前期の都である亳（二里岡遺跡）などの要地を管理下に置いていたかもしれないが、それでも直接的に統治できた地域はさほど広くなかったことになる。そのため、徴発の対象にできる人口は多くとも数十万人程度であり、しかも戸籍制度や官僚制といった効率的なシステムがない状態での人員徴発であるため、三千人や五千人という後代と比較してきわめて少ない人数になったのである。

なお殷代に特定の狩猟日があったことや、王の狩猟が狭い範囲でおこなわれていたことは、すでに一九六〇年代において日本で松丸道雄が発見していた。しかし、いまだに中国では、殷王が強大な権力を持っていたという幻想から抜け出せない研究がしばしば見られる。

中国では古代から、儒家《じゅか》などによって過去の王朝が美化あるいは誇大化されることが多く、殷王朝や前述の「夏王朝」などが中国全土を一元的に支配したと考えられてきた。さらに古い時代を想定する神話の「黄帝《こうてい》」や「堯《ぎょう》」「舜《しゅん》」なども、歴代の中国、さらに現代中国でも広く信じられており、専門研究にも大きな影響を与えているのである。

殷代の武器

前項では殷代の軍隊について述べたので、あわせて武器についても解説したい。

新石器時代の段階では、弓矢や石製の斧《ふ》（おの）・鉞《えつ》（まさかり）などが戦闘行為に用いられており、これらは狩猟や伐採などの道具を武器として転用したものであった。

新石器時代は社会の規模が小さかったため、後代ほど大規模な戦争は発生しなかったが、それでも集落には防御施設が建設されていた。よく知られているのは「環濠《かんごう》」であり、これは集落の周りに巡らせた空堀である。

図表15に、仰韶《ぎょうしょう》文化を代表する半坡《はんぱ》遺跡の環濠の断面図を挙げた。仰韶文化は中原竜山文化に先行し、紀元前五千〜前二千五百年ごろ（年代は諸説あり）の新石器文化である。半坡遺跡の環濠は、集落が放棄された後、徐々に埋まっていったようだが、当初は幅が六〜八メートル、深さが五〜六メートルもあり、しかも住居がある側（図の右側）には防御用の柵の跡も確認されている。この環濠は、新石器時代において、すでに巨大な防御施設を必要とするほど戦争の脅威が高まっていたことを示している。

かつては仰韶文化のような原始的な社会について、牧歌的な共同生産社会と見なしており、戦争はなかったと考えられていた。しかし近年の研究により、人間はすでにそうした時代から戦争をすることが一般的であったと判明しており、ヨーロッパやアフリカ、あるいは日本などの遺跡からも、戦死者の遺体や戦争に備えた防御構造が発見されている。

さらに時代が進んで殷代になると、王朝の規模に対応して戦争も大規模化しており、前述

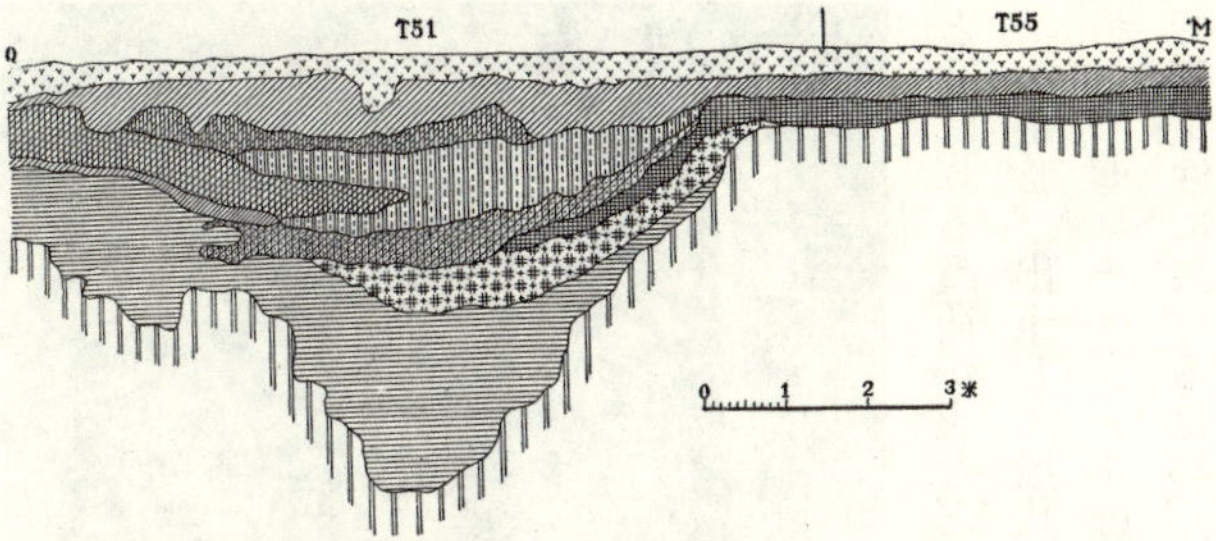

図表15　半坡遺跡の環濠の断面図（中国社会科学院考古研究所・陝西省西安半坡博物館『西安半坡』）

のように王によって数千人が軍隊に徴発された。しかも、殷王朝は青銅器の生産が盛んであり、武器も青銅製のものが使用されていた。

　殷代には斧や鉞は主力兵器ではなくなっており、出土品には青銅製の斧や鉞も見られるが、どちらかといえば斧は実用品、鉞は儀礼の道具であることが多い。

　それに代わって主力の武器になったのが矛《ぼう》や戈《か》であり、矛は柄の先に鋭い刃物をつけた槍《やり》状の武器であり、戈は柄に対して直角に刃物を取り付けた武器である。図表16にその例を挙げたが、矛は直線的に敵を突く武器であり、戈は振り回して刃の部分を敵に突き刺す武器であったと推定される。図のうち戈の方には木製の柄が少し残っている。

　そのほか、殷代の武器としては補助的に小振りの刀《とう》が使用され、また防具として木製の楯《たて》や革製の鎧《よろい》なども使われていた。

　遠距離用の武器としては、殷代にも弓矢が使われていた

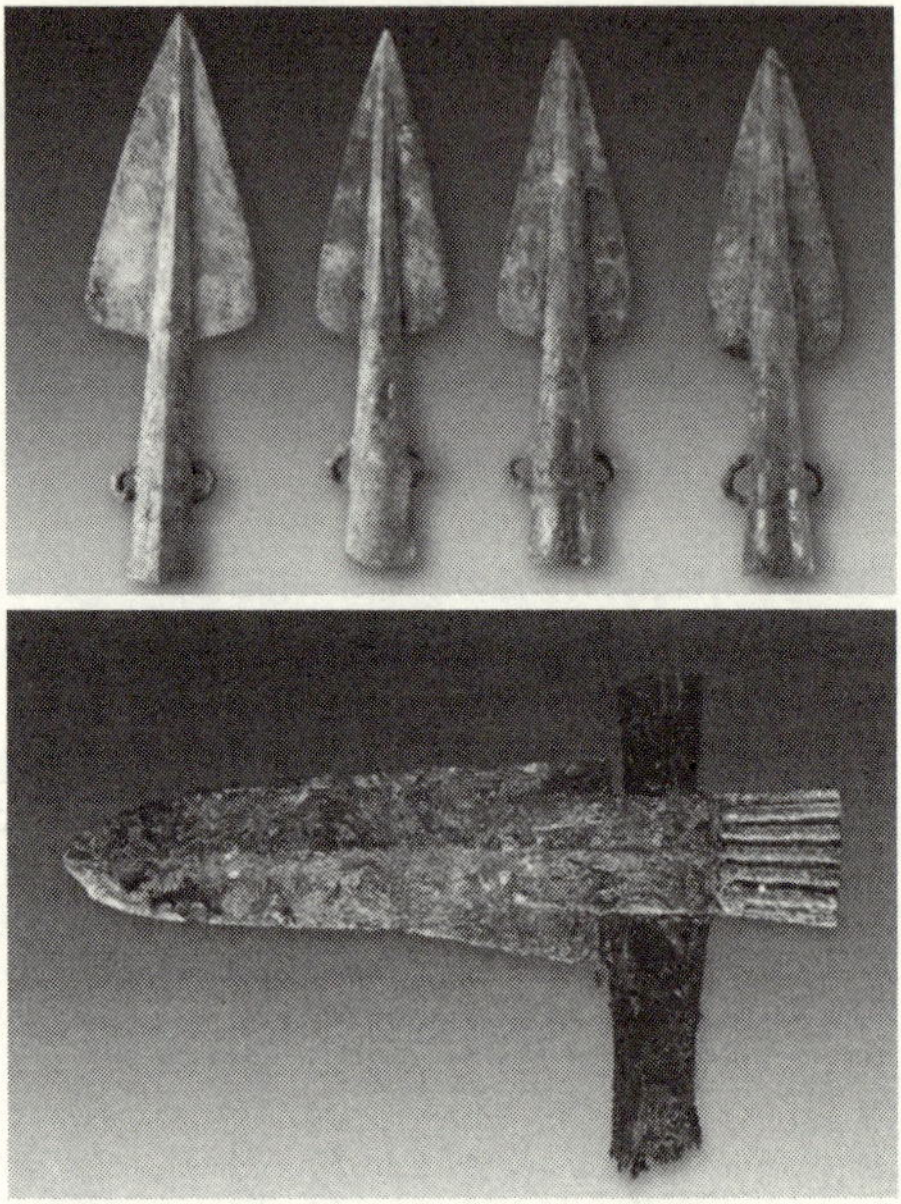

図表16　殷代の武器（中国社会科学院考古研究所『安陽殷墟花園荘東地商代墓葬』。上：矛、下：戈）

が、鏃《やじり》を青銅製にするなど威力を増す工夫が加えられている。さらに、殷代には馬車が使われるようになっており、戦場においては弓兵を乗せた戦車として利用された。

春秋戦国時代に作られた文献資料には、戦車は三人乗りと記されている。『春秋左氏伝』や『礼記《らいき》』などによれば、馬を操る馭者《ぎょしゃ》のほか、指揮官が弓矢を持ち、また「車右《しゃゆう》」と呼ばれる護衛が戈などの手持ちの武器を持っていたという。

しかし、出土した殷代の馬車は、人が乗る部分は幅が百三十センチメートルほど、奥行きが九十センチメートルほどである。しかも当時は道路が舗装されておらず、また車輪も木製で安定性に欠けるため、座って乗らなければならなかった。したがって、このサイズでは三人が乗ることはできないのであり、古代中国の戦車は馭者と弓兵だけが乗車し、専ら遠距離から攻撃する武器だったことになる。

実のところ文献資料が作られた春秋戦国時代でも、戦闘用の馬車のサイズは殷代とあまり変わっていない。春秋戦国時代の思想家たちは、戦闘用の馬車（二頭立て）ではなく、大きめに作られた儀礼用の馬車（四頭立て）を見て戦争の物語を作ったようである。

図表17に、「車馬坑《しゃばこう》」と呼ばれる穴から発掘された殷代の馬車を掲載した。これは貴人の殉葬《じゅんそう》のようであり、馬車だけではなく、馬と乗員も殺されて埋められている。おそらく、当時は「死後の世界」が想定されており、貴人の死後も仕えることを強要したのであろう。

なお、甲骨文字には、殷王に属する弓兵部隊として「三百射《さんびゃくしゃ》（）」が記されている。徒歩の射手とも受け取れるが、弓で攻撃する戦車を指すとする説もある。もしその通りであれば、殷王朝は三百台もの戦車部隊を運用していたことになる。

このように、殷王朝の軍隊は、当時としては進んだ武器を持っていたのだが、古代社会においては武器の優劣が必ずしも決定的な力にはならなかった。近世の西欧列強が用いた銃器や大砲、あるいはモンゴル帝国のような大量の騎馬兵があれば別だが、殷代には火薬はもちろんのこと、騎馬の技術すら出現していない。

前掲の図表13（53頁）に示したように、殷の文化圏は北方や南方には大きく拡大しており、

図表17　殷代の戦車（中国社会科学院考古研究所『安陽郭家荘商代墓葬』）

これらはいずれも平野が多い地域である。こうした平坦な地形においては、戦車が威力を発揮したのかもしれない。

しかし、殷墟遺跡とその北西方面にあった異文化地域の境界には、太行《たいこう》山脈が存在し、その西側にも山地が広がっている。殷の軍隊は山地を苦手としたようであり、この地域には殷側の文化が広がらず、殷代後期にも敵対勢力が多く残っていた。これは西方や南西方面も同様であり、これらも山がちな地域であるため、北西方面と同じく殷が優位に立てなかったと考えられる。

このように、敵対勢力の一部には、進んだ武器である戦車や青銅兵器でも対処が困難なものがあった。王が動員した軍隊は「三百射」に加えて三千人から五千人であり、当時としては大軍だったのだが、𢀛方や土方のような強大な敵を排除するためには、それだけでは不十分だったのである。

殷代の地方領主

それでは、殷王朝は強大な敵対勢力にどのように対処したのだろうか。結論を先に言えば、戦争において地方領主を動員したのである。

前述のように、殷王が直接的に支配できた地域は王都の付近のみであり、遠方の土地では王が定期的な狩猟や視察をしなかった。その代わり、王都から遠い地域には地方領主が置かれており、各々が一定の領地を支配していた。つまり、殷王朝の支配体制は一種の間接統治だったのである。

次に挙げた甲骨文字は、遠方の地方領主がどのような領地を持っていたのかを端的に示している。内容は、王が祟りがあると占い、実際に地方領主が敵の襲来（来嬉《らいこ》）を受けたというものである。

・癸巳《きし》卜《ぼく》して㱿貞《こくと》う、旬《じゅん》に禍《わざわい》亡《な》きか。王占《おううらな》いみて曰《いわ》く、「祟《たた》り有《あ》らん。其《そ》れ来嬉《らいこ》有《あ》らん」と。五日丁酉《いつかていゆう》に迄至《きっし》し、允《まこと》に来嬉《らいこ》有《あ》り。西《にし》より沚馘《しかくつ》告げて曰《いわ》く、「土方《どほう》我《わ》が東鄙《とうひ》を征《せい》し、二邑《にゆう》に𢦏《か》てり。舌《△》方《ほう》も亦《ま》た我《わ》が西鄙《せいひ》の田《でん》を侵《おか》せり」と。
○癸巳の日に甲骨占卜をして㱿が占った、次の十日間に禍はないか。王が占って言った、「祟りがあるだろう。敵の襲来があるだろう」と。五日目の丁酉の日に至り、本当に敵の襲来があった。西から沚馘が告げて言った、「土方が私の東鄙を攻撃し、二つの邑（都市）に勝った。舌方もまた私の西鄙の耕作地を侵略した」と。

文中の「沚馘《しかく》（）」が地方領主であり、沚が地名、馘が領主の名である。ここで重要なのは、沚馘が「鄙《ひ》（）」を支配下に置いていたことであり、これは従属する小都市や集落を意味する文字である。

このとき沚馘は土方と舌方に挟撃され、その際に土方は沚馘の「東鄙」を攻撃し、舌方が「西鄙」に侵略したが、この文章からは、沚馘の領地のうち東側に少なくとも二つの邑（都市）があったことが読み取れる。西鄙についても、複数の邑があったと考えるのが妥当であろう。なお「邑（）」とは、都市を表す文字であるが、鄙から王都まで規模の大小にかかわらず使われており、殷の都である商は「大邑商《だいゆうしょう》（）」とも呼ばれる。

このように、地方領主のひとりである沚馘は、単独の都市だけを支配したのではなく、自身が本拠とする都市の周辺でも多数の小都市や集落を領有していたのである。このほかにも、甲骨文字には「畀の鄙《ひ》三邑《さんゆう》」や「攸侯喜《ゆうこうき》の鄙永《ひえい》（鄙永は鄙と同様の意味）」などの記述があり、沚馘の記述は殷代の地方領主に一般化することができる。

前述のように、殷王は本拠となる首都（大邑商）のほか、その周辺に疐や害などの都市を支配していたが、それと同じように、地方領主も周辺の多くの鄙を支配下に置いていたのである。そして、王が遠方の地域で定期的に狩猟や視察をしなかったことから、地方領主に属する鄙については、地方領主が支配権を専有していたと考えられる。地方領主の支配地域は、殷王朝の王畿よりは規模が小さかったのだろうが、それでも自立的な軍事力や経済力を持っていたことになる。

なお、甲骨文字は殷王の側の記録であるため、地方領主の鄙については関心が低く、言及されるのは、偶然に敵の侵略が報告されたり、遠征などで王が地方領主の鄙に滞在した場合だけである。そのため、各々の地方領主がどれほどの鄙を支配下に置いていたのかを正確に知ることは難しい。

以上に述べた殷王朝の支配体制を大雑把に言えば、王－地方領主－鄙という三段階の構造ということになる。いわば「都市間のネットワーク」が殷王朝の地理的構造であった。

二里頭文化の王朝、そして殷王朝の時代には人口密度が低く、都市や集落は、農耕や牧畜が容易な場所に散在していた。そのため当時の王朝は、領域全体をくまなく支配することが困難だったのである。ちなみに、こうした体制は、おおまかには春秋時代まで続いており、春秋時代の末期以後、人口の増加とともに行政区画や官僚制が整備され、戦国時代には領域支配の時代になった。

地方領主の動員

殷代には、戦争において王が地方領主を動員し、連合軍を形成して戦闘をおこなうことがあった。先に挙げた沚馘についても、次のような例がある。

・貞《と》う、王《おう》沚《し》馘《かく》を従《したが》え、土方《どほう》を伐《う》たんか。
○占った、王は沚馘を従えて、土方を伐つべきか。（原典は図表18）
・貞《と》う、馘啓《かくけい》し、王《おう》舌《△》方《ほう》を執《と》らえるか。
○占った、馘が先駆けし、王は舌方を捕らえるか。

殷王は、強大な敵である舌方や土方に対して、地方領主である沚馘の軍隊と連合した。先に述べたように、殷王の軍勢は後代に比べて数が少なかったが、地方領主を動員することで軍事力を補ったのである。一方、動員された沚馘についても、舌方や土方から攻撃を受けていたため、王に協力することで自己の危険を取り除こうとしたのであろう。

ここで挙げたように、殷代の戦争では王朝全土から兵員を集めたのではなく、敵対勢力に近い領主だけを動員していた。遠方からの召集は効率が悪いことが考慮された可能性もあるが、地方領主が自立的な権力を持っていたことから考えれば、王といえども強制的な動員は難しく、結果として紛争の当事者だけが動員の対象になったと見るのが妥当であろう。

第一期の甲骨文字には、沚戠以外にも望乘《ぼうじょう》（）という地方領主が見え、望が地名、乘が領主の名である。望乘は「下危《かき》」や「兎方《とほう》」という敵対勢力との戦争に動員されており、特に下危との戦争は、甲骨文字では𢀛方や土方に次ぐ数量の記述が見られる。

そのほか、甲骨文字には「侯《こう》（）」と呼ばれる地方領主も多く記されており、犬侯《けんこう》・倉《そう》侯《こう》・攸侯《ゆうこう》・㠱侯《きこう》・先侯《せんこう》などがあった。領主の名を付す例もあり、第一期の倉侯虎《そうこうこ》や第五期（殷末）の攸侯喜などが知られている。なお、沚戠や望乘は地方領主でありながら「侯」の称号が使われていないが、甲骨文字には「侯」の有無について基準を読み取れる記述がなく、

図表18　王が地方勢力を動員する記述（『甲骨文合集』6419）

どのような理由かは不明である。
地方領主の所在地については、前述のようにその付近の敵対勢力に対して動員されている
ため、おおよその位置を推定できる。例えば、北西方面の強敵である𢀛方と土方に対抗した
のは沚馘なので、沚は王都である商（大邑商）の北西にあり、異文化に近い場所にあったと
推定される。
望乗は、下危や兎方に対して動員されたが、このうち兎方（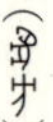）を西周代（紀元前十一～前八世紀）に南方にあった「虎方《こほう》」と同一の勢力とする説もある。しかし、字形としては兎（）のほか象（）にもやや近いが、虎（）とは異なっているので、望の位置を判断する根拠としては薄弱である。第五期の甲骨文字には、危（）が沚の近くにあったとする記述があるので、下危（）が文字通り危の下流であったとすれば、望は王都の北方に位置したことになる。
犬侯には周に対して動員する記述があり、前述のように周は西方の勢力である。また、倉侯は蒙方に対する動員が多いが、周に対する軍事行動にも見られるので、やはり西方の領主であったと考えられる。
攸侯については、第五期におこなわれた人方への遠征に見られ、人方は東方の存在と推定されているので、攸侯はその方面の領主ということになる。曩侯・先侯は敵対勢力に関する

記載がなく、所在地は不明である。

そのほか、第一期の甲骨文字には「雀《じゃく》」「戉《えつ》」「阜」などが軍隊を率いる例もあり、このうち雀は、前述の亘が起こした反乱の際に捕獲を命じられた人物でもある。これらも地方領主とする説があるが、甲骨文字には彼らの領地を示す記述がないので、地方領主ではなく王（武丁）の側近であろう。

また、子商《ししょう》や婦好《ふこう》なども軍隊を引率しているが、「子」「婦」の呼称には特殊な用法があり、これは第4章で述べたい。

なお、甲骨文字における地方領主の記述は、その多くが戦争が発生した際のものであるため、戦争以外での殷王と地方領主との関係は、明らかではない部分が多い。平常時には領主にどのような義務があったのか、あるいは支配地域をどのように画定したのかなどは、現状では分析が困難なのである。また、戦争が少なかった地方では領主の記述自体が見られない場合もあり、甲骨文字に記されなかった地方領主も大勢いたと考えられる。

殷代後期の支配体制

ここまでに述べたように、甲骨文字から復元できる殷王朝の支配体制は、首都である商（大邑商）の付近は王が直接的に統治したものの、遠方は間接統治であり、「侯」などと称される勢力が支配を担当していた。当時の地方領主は、自己の本拠だけではなく、その付近の鄙（小都市や集落）も支配しており、しかも殷王が直接的にそれらを監督することがなかったので、地方領主は自立的な権力を保持していたと考えられる（図表19に模式図を示した）。

一方、敵対勢力についても、殷王朝に対抗し、また地方領主を攻撃できる軍事力を持っていたのであるから、やはり単独の都市や部族ではなく、複数の都市や部族を支配下に置いていたと考えるのが自然である。

そして、殷王は戦争に際して王都近傍の都市から人員を徴発するだけではなく、遠方の領主を動員して敵対勢力に対抗することもあった。ただし、王朝全域の地方領主が動員されたのではなく、敵対勢力に近い領主だけが対象とされた（図表19参照）。

なお、殷代後期の甲骨文字や金文には、新たに領主を封建《ほうけん》したとする記述がない。後に殷を滅ぼした周王朝は、子弟や功臣を要地の地方領主としており、血縁関係や君臣関係を地方統治に及ぼすことで支配体制を安定化した。それと比較すると、殷王朝では地方領主に対する王の優越が弱かったことになる。また、戦争において敵対勢力に近い領主しか動員していないことも、殷王朝の支配体制の弱さを示している。

これに関連して、甲骨文字には殷王と地方領主の血縁関係を記した例が見られない。周代には血縁関係を「姓《せい》」として明示しており、周王の同族である「姫姓諸侯《きせいしょこう》」は王と強い協力

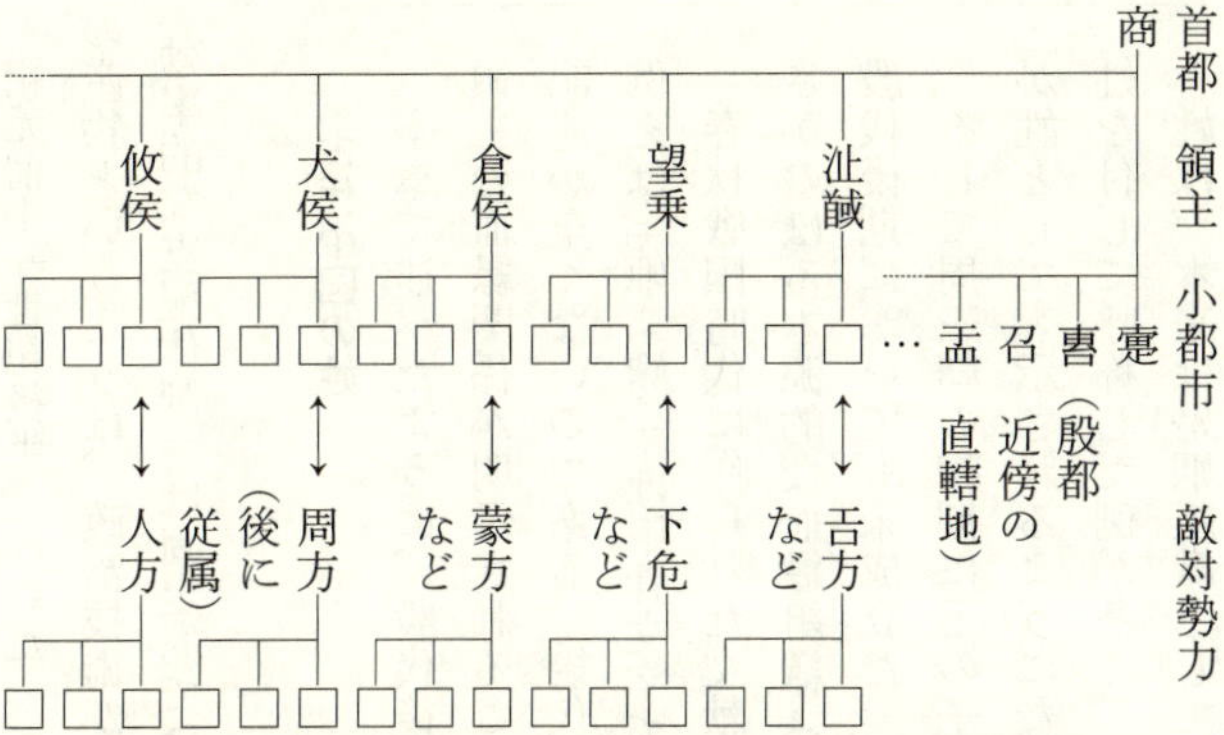

図表19　殷代後期の支配体制（模式図。□は名称不明の鄙）

関係にあった。王との血縁関係を背景として地方領主に封建されたのであれば、諸侯としての正統性はそこに求められるため、殷代であっても血縁関係を明示しないはずがない。この点からも、殷代後期の地方領主は、王によって封建されたものではないと考えられる。

ただし、これらは殷代後期の甲骨文字から復元した支配体制であり、殷代前期に王朝が拡大（第1章参照）した際には、一部の地域で領主が封建されたという可能性も否定はできない。しかし、甲骨文字から読み取れる地方領主の自立性から言えば、少なくとも殷代後期には、すでに地方領主が土着化していたことは疑いない。

もっとも、殷代にはこうした弱い支配体制によって王朝が維持されていたのであり、武丁の再統一以後に限っても、二世紀あまり（紀元前十三世紀中葉

～紀元前十一世紀後半）にわたって存続した。それならば、殷王朝の弱い支配体制は、妥協の産物というよりは、政治技術が未熟であった時代に適した体制だったと見るべきであろう。「効率的な支配体制」は固定的ではなく、時代によって変化していくのである。

《古代中国の姓》

本章で述べたように、殷代後期の甲骨文字には王による封建が見られず、また王と地方領主の血縁関係が明示されることもなかった。そして、殷代の資料には「姓」についても記述が全くないのである。後代に姓を表示するために使われた文字は幾つか見られるが、例えば「姫《き》（）」は甲骨文字では祭祀名であり、血縁集団の表示ではない。

春秋戦国時代に作られた文献資料では、姓は「夏王朝」よりさらに前の「黄帝」にまでさかのぼる本源的な血縁組織（実際の血のつながりがある集団）とされているが、実際には殷代後期においても未成立だったのである。

そして周王朝の初期に王の子弟の封建がおこなわれるようになり、また初めて血縁関係が姓として表示されるようになった。資料的には、西周金文において王侯貴族が妻や娘に姓を付して呼称した例が多く、「呉姫《ごき》」「庚姜《こうきょう》」「竜姞《りゅうきつ》」などがある（姫・姜・姞が姓）。

姓は、本来は婚姻組織としての機能を持っており、このことは姓を表示する文字が女を部首とする字形になっていることにも現れている。そして、姓という制度は「同姓《どうせい》不婚《ふこん》（同族は結婚できないこと）」の原則とともに全中国的に広まっていった。

　ここで「広まっていった」と表現したのは、本来は姓組織を持たなかった地域の人々も、周王朝に合わせて姓を自称していったからである。

　青銅器研究の大家である林巳奈夫《はやしみなお》の時代区分によれば、西周初期に確実に存在した姓は姫・姜・姒《じ》・姞の四種に限られる（統計は筆者がおこなったもの。以下も同じ）。中国で出版された『殷周金文集成《いんしゅうきんぶんしゅうせい》』は、時代区分にやや不確かな部分があるが、それでも西周初期には八種の姓しか見られない。しかし西周後期になると、金文に見える姓は十一種（姫・姜・姒・姞・妊《じん》・妃《き》・嬴《えい》・⿰女員《うん》・媯《ぎ》・媿《き》・⿰女弋《よく》）に増加しており、少なくとも三姓、最大で七姓が後に作られたものとなる。

　このことから、姓とは、当初は周王室の周辺に限定された婚姻組織だったが、地方領主の封建や同姓不婚の普及によって地方においても政治的な意味を持つようになり、諸侯間の協力関係の構築、あるいは貴族間の政略結婚などに重要な役割を果たすようになったと考えられる。そのため、土着の諸侯や新興の貴族なども姓を必要とするようになり、二次的に姓を創始していったのである。

　春秋時代になると姓の数がさらに増えて、確実なものだけでも十八種にのぼる。殷王朝の人々についても、殷の滅亡後、周の支配下に入った当初は姓を用いなかったが、春秋時代になると新たに「子姓《しせい》」などを創始して自称するようになった。

なお、周代の諸侯については、一部には事実に基づかない（実際の血縁関係ではない）姓を称するものがある。例えば、斉《せい》という諸侯は太公《たいこう》（太公望《たいこうぼう》）を始祖としており、周王室（姫姓）と最も強い協力関係があった姜姓を称した。しかし、西周初期の斉の諡号は、太公の後は丁公《ていこう》・乙公《いつこう》・癸公《きこう》であり、祖先の名に十干を用いるところが殷の文化と共通している。一方、周系の勢力には諡号に十干を付す慣習がないので、斉は本来は殷系の勢力であり、西周の後半期になってから周の文化である姓を採用し、王室と強い関係があった姜姓を自称したと考えられる。

これは、いわば詐称なのであるが、土着の諸侯が「姓」という統一システムに組み込まれることにより、周王朝の支配を安定化する一因になった。封建制度や姓組織によって、周王朝は殷よりも強い支配を実現したのである。

第3章　神々への祭祀儀礼

水牛を模した殷代の礼器（中国社会科学院考古研究所『安陽殷墟花園荘東地商代墓葬』）

自然への畏れ

第3章では、殷代における祭祀儀礼を取り上げる。ただし、本書の主題は殷王朝の社会や歴史の復元であり、また筆者は宗教史が専門ではないということもあり、個別の信仰には深く立ち入らず、殷代の神や祭祀について概観し、その政治的意義を述べることにする。

甲骨文字に記された信仰は、大雑把に言えば多神教であり、自然を神格化した「自然神《しぜんしん》」や祖先を神格化した「祖先神《そせんしん》」が崇拝されていた。

このうち自然神については、新石器時代以来の原始信仰に由来すると考えられており、甲骨文字で最も記述が多いものは「河《か》（）」である。「河」の文字は、現在では様々な河川の名に用いられているが、もとは黄河を指す固有名詞であり、甲骨文字では黄河の神格としても使われている。

また河に次いで多い自然神は、山岳の神である「岳《がく》（）」であり、甲骨文字の段階では山上に羊がいる様子を表した字形である。どの山の神格かは諸説あるが、殷代前期の都に近

い嵩山《すうざん》とする説が有力である。

河や岳は、祭祀を受けるだけではなく、当時の神話上で強い権能が認められていた。甲骨文字では、次に挙げたように降雨や穀物の収穫を司《つかさど》り、また人々に対して祐助や災厄を与える存在とされている。

・庚申卜《こうしんぼく》して永貞《えいと》う、河雨《かあめ》に壱《たた》るか。貞《と》う、河雨《かあめ》に壱《たた》らざるか。

○庚申の日に甲骨占卜をして永が占った、河は雨に祟るか。占った、河は雨に祟らないか。

（「雨に祟る」が干魃《かんばつ》と洪水のいずれを指すのかは不明）

・甲申《こうしん》、河《か》に方《ほう》の来《き》たるを告《つ》げんか。

○甲申の日、河に敵が襲来したことを告げ〔て加護を求め〕ようか。

図表20　岳への雨乞い（『甲骨文合集』14207。左上が書き出しの右行の文章。図中の一（一）二（二）三（三）は占卜回数を記録したもの）

・貞《と》う、岳《がく》に舞《ぶ》するに、雨《あめ》ふる有《あ》るか。
○占った、岳に舞踊の儀礼をするが、雨がふるか。（原典は図表20）
・戊午卜《ぼごぼく》して貞《と》う、岳《がく》に年《みのり》を求《もと》めんか。
○戊午の日に甲骨占卜をして占った、岳に穀物の実りを求めようか。

河・岳のほかに、甲骨文字には「土《ど》（Ω）」も多く見られ、これは土地（大地）の神である。王朝全土ではなく、都（大邑商）の周辺だけに限られた神格とする説が有力であり、甲骨文字には、これとは別に殷代前期の都の周辺である亳土《はくど》（亳Ω）を神格化した記述もある。

ただし河や岳とは異なり、土には天候や戦争に関する記述がほとんどなく、多くが祭祀を受けるか収穫に関与するだけである。殷代の神話にも何らかの序列があり、より強い神が天候や戦争を司るとされていたのである。そのほかの自然神についても、河や岳ほどの権能は想定されていなかったようであり、用例が少なく、また天候や戦争に影響するような記述もほとんど見られない。

このように、甲骨文字には原始信仰に由来する自然神が多く見られる。殷代には灌漑《かんがい》などの技術が未熟であり、穀物の収穫は降雨や気温に大きく左右された。そのため、自然は恵みをもたらすと同時に畏怖の対象でもあり、神として祀ることで不作を防ぎ、また祐助を得ようとしたのであろう。

以下、甲骨文字に見えるそのほかの自然神を列挙する。「河」以外の河川の神には、王都を流れる小河川である洹水《えんすい》の神格もあり、洹（）として記されている。また山岳の神としては、「岳」のほかに昆（）や小山《しょうざん》（）なども見られるが、いずれの山を神格化したものかは不明である。

自然現象としては、雲（）や虹（）などが信仰の対象になっている。また、甲骨文字には想像上の動物として竜（）や鳳凰《ほうおう》（）も見られ、これらも自然神に分類される。鳳凰については風を司るという信仰があったようで、甲骨文字では風の意味でも用いられる。

由来が諸説あって分からない自然神も多く、王亥《おうがい》（）・昌（）・夒《どう》（）などがある。このうち王亥は、一時的に殷の系譜に取り込む試みがされており（第5章参照）、一部の文献資料にも「王亥」または「亥」の名で見られる。昌については、後代に残っていない文字であり、発音も分からない。夒は猿の象形（）に近い形であり、猿神であるかもしれない。夒は金文で東方の地名として使われている文字なので、殷王朝が現地を支配した際に、その神話を取り込んだとする説もある。

また、西母《せいぼ》（）・東母《とうぼ》（）・娥《が》（）・嬈（）などの神もあり、これらは母（）や女（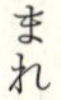）が含まれることから女性神と推定されている。このうち西母は後代に信仰が伝わ

り、西の崑崙《こんろん》に住む仙女とされた西王母《せいおうぼ》の原型となったと言われる。また娥は、西王母から不死の仙薬を盗んで月の仙女になったとされる姮娥《こうが》（嫦娥《こうが》とも）の原型とする説がある。

祖先神への祭祀

祖先神とは、文字通り祖先を神格化したものであり、甲骨文字では先王への祭祀が多く見られる。特に直系の先王が重視されており、祭祀の例数が多く、また配妣《はいひ》（先王の配偶女性）が祀られているという特徴がある（図表21参照）。一方、甲骨文字の末期を除いて傍系の先王は祭祀上で軽視される傾向がある。

殷代において先王の祭祀が多くおこなわれた背景には、王の正統性を保証する目的があったと考えられる。一般的に言えば、王朝の支配権は王が代わるたびに新しくなるのではなく、始祖や建国者が得たものを代々の王を経て現在の王が継承したと認識される。おそらく殷代も同様であり、殷王は代々の先王を祀ることで自己の正統性を主張したのであろう。

甲骨文字の第一期の段階で、始祖の上甲から数えて先王は約二十名（図表9参照。33頁）が祭祀されており、第五期（殷末）になると三十名を超える。殷王朝は五百年以上にわたって存続し、しかも分裂時代の王や追加された王名（第1章参照）もあるため、系譜上の先王の数が多く、そのため祭祀も頻繁におこなわれたのである。

なお、直系王の配妣に関して、その数が次の世代の王に一致するという説があり、例えば大乙には妣丙《ひへい》と妣甲《ひこう》の二名があり、これが子の世代（大丁と卜丙）の人数に一致するというものである。しかし、これには甲骨文字の誤刻《ごこく》（彫り間違い）が含まれていると筆者は考えている。

甲骨文字に記された配妣祭祀は第五期のものが最も多いが、図表21に挙げたように、点線より右は例数が少なく、すべて一例だけである。さらに、いずれも前後に同名の配妣があるという共通点が見られるので、これらは彫刻の際に取り違えたものと考えられる。第五期の

示壬	妣庚　3		
示癸	妣甲　2		
大乙	妣丙　5		妣甲　1
大丁	妣戊　5		
大甲	妣辛　8		
大庚	妣壬　6		
大戊	妣壬　3		
中丁	妣癸　5		妣己　1
祖乙	妣己　7	妣庚　4	
祖辛	妣甲　3		妣庚　1
祖丁	妣己　5		妣庚　1
小乙	妣庚　4		
武丁	妣辛　5	妣癸　6	妣戊　1
祖甲	妣戊　4		
康丁	妣辛　4		

図表21　第五期の配妣祭祀（落合淳思『殷王世系研究』などによる。姚孝遂主編『殷墟甲骨刻辞類纂』を元に統計した。直系祖先のうち上甲・匚乙・匚丙・匚丁には配妣祭祀が見られない）

配妣祭祀は、系譜上で古いものから順に連続して祀ったものが多く、そのため祭祀の記録を甲骨に彫刻する際に間違えたのであろう。

殷代の甲骨文字は、占卜儀礼の担当者（貞人）と甲骨文字の字形に直接の対応関係が見られないことから、彫刻の担当者は貞人とは別に置かれていたことが判明している。占卜を専門とする貞人が記録した文章について、彫刻の職人が文字を刻んだのであるから、誤刻が多くなったのも当然と言えるだろう。甲骨文字には配妣名の取り違え以外にも、日付や月次の間違いなどが見られ、そのほか、あるべき文字が抜ける脱字《だつじ》や、文字が余分に彫られている衍字《えんじ》なども起こっている。

甲骨文字には、先王やその配妣以外にも祖先神が見られ、第1章でも挙げた羸甲《らこう》や内乙《ないいつ》などのほか、殷王ではない父母祖妣などが祭祀対象になっている。「父」の呼称は、殷代においては実父に限定されておらず、その兄弟（伯父・叔父にあたる）や従兄弟《いとこ》も含まれている。こうした輩行《はいこう》（同一世代）の内部の区別をしない親族呼称体系は「類別呼称《るいべつこしょう》」と呼ばれ、「兄」も同様に自己の兄弟だけではなく従兄弟なども含まれた。

甲骨文字では複数の「母」が祀られることもある。前述のように、先王の配偶は殷王によって祭祀されているので、殷代には、女性は出身の家ではなく婚姻先で子孫から祀られていたと考えられる。したがって、複数の「母」は父の姉妹や従姉妹《いとこ》ではなく、父の正室・側室ということになる（伯父・叔父の夫人が含まれる可能性もある）。

また「祖」は二世代以上前の男性を指し、「妣」は祖の配偶である。これらも輩行内部で区別をせず、また呼称上で世代間の区別もしない。

先王に対しても一部に親族呼称が用いられており、殷王の系譜に見える「祖甲《そこう》」や「祖乙」なども、当初は親族呼称としての用法であったが、それが後に特定の王の呼び名とされたものである。

なお、祖先神と自然神との間には、甲骨文字では必ずしも明確な境界がない。例えば始祖とされた上甲は、前述のように神話的な要素が強いため、甲骨文字でも自然神との共通点があり、祭祀だけではなく収穫を祈る記述なども見られる。逆に、河や王亥などが「高祖《こうそ》（遠い祖先の意）」とされた時期もあった。

信仰の政治的利用

甲骨文字には殷王が盛んに祭祀儀礼をおこなったことが記されている。しかし、当時の祭祀は必ずしも純粋な信仰心から実施されたものではなく、やはり権力に関わるものであった。為政者が大々的におこなうものには政治的意図があることが一般的であり、それは三千年以上前の殷王朝でも変わらないのである。

殷王朝の時代には社会制度が未整備であり、成文法《じょうぶんぽう》（文章化された法律）も官僚制も存在しなかった。また前章で述べたように、王は独裁的な権力を持っておらず、地方領主に対しても強い力を及ぼすことができなかった。そこで、殷王は信仰を利用することで支配体制を固めていたのである。

具体的には、人々が自然神や先王などを信仰対象としていたため、その祭祀儀礼を司ることによって、王自身の宗教的権威を確立し、精神的な面から王朝支配をおこなったのである。また、雨乞いや豊作祈願の儀礼を主宰することで、「王が人々に恵みを与えている」という認識も形成することができた。

殷王が挙行した祭祀は、宮殿の内部で密《ひそ》かにおこなわれたのではなく、甲骨文字には次のように臣下の人々が参加したことが記されており、政治的に利用されていたことが分かる。

・貞《と》う、多老《たろう》を呼《よ》びて舞《ぶ》せしむる勿《な》きか。
〇占った、多くの老人（長老かもしれない）を呼んで舞踊をさせない方がよいか。
・饗《きょう》せざる勿《な》く、叀《こ》れ多尹《たいん》饗《きょう》せんか。
〇必ず饗宴し、多くの臣下が神をもてなすべきか。
・呼《よ》びて臣《しん》を従《したが》えしめ、沚《し》侑《ゆう》するに三十邑《さんじゅうゆう》を冊《さく》するか。

○招集して臣下を従えさせ、沚は祭祀をする際に三十邑（殷王の直轄地）の記録を神に報告するか。

一例目については舞踊の儀礼であるが、老人が舞踊をするのか、それとも老人に舞踊を見せるのかは不明である。二例目の「尹（[illegible]）」は、後代には長官を意味する文字となったが、殷代には臣下の意味で用いられている。三例目の沚は、おそらく地方領主の沚馘であり、「冊《さく》（[illegible]）」は文書（竹簡《ちっかん》）に記録した内容を神に報告する儀礼である。

このように、殷王は信仰を通して支配体制を構築したのである。信仰は一般に非科学的なものであるが、近代以前の社会では、信仰によって人々がまとまり、社会を安定化させる効果があったことも事実である。現代でこそ、科学技術や行政機構の発達によって、信仰の政治的な意義は薄れているが、逆に古代文明の段階においては、信仰を通した支配はきわめて合理的であった。

さらに、祭祀儀礼は精神面から人々を支配するだけではなく、王が持つ軍事力や経済力を誇示できるという効果もあった。この点について、以下に詳しく述べていきたい。

図表22　青銅器鋳造の占卜（『甲骨文合集』29687。下部が欠損）

壮麗な青銅器

甲骨文字に記された祭祀は、定期的な儀礼のほか、雨乞いや豊作の祈願、戦争の報告など多種にのぼる。また、祭祀で用いられた供物についても、舞踊や音楽のほか、酒や穀物など多様なものがあり、犠牲（生けにえ）を捧げる記述も見られる。

こうした祭祀儀礼では、青銅製の礼器が用いられた。殷代には金や銀の加工は一般的ではなく、銅が最も高価な金属とされており、「金（○○）」は古くは銅を意味していた。青銅の色は金属の比率によって変わるが、当時のものは錫を多く含有し、淡い金色をしていたため、甲骨文字では青銅を「黄《こう》（黄）」または「黄金《こうきん》（黄○○）」とも呼んでいる。

・丁亥卜《ていがいぼく》して大《だい》…其《そ》れ黄金《こうきん》を鋳《い》て…盤《ばん》を作《つく》るに利《よ》きか、叀《こ》れ…か。

〇丁亥の日に甲骨占卜をして大が…黄金（青銅）を鋳て…盤（礼器の一種）を作るがよいか、これは…か。（原典は図表22）

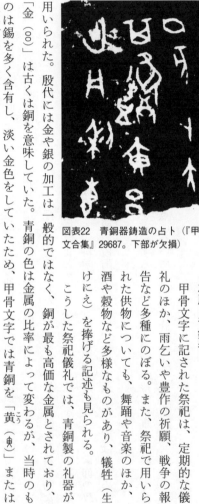

・貞《と》う、黄兵《こうへい》を賜《たま》う勿《な》からんか。

○占った、青銅製の兵器を賜わない方がよいか。

一例目は青銅器の製作を占ったものであり、仮に「鋳」とした文字（）は、職人が礼器を鋳造している様子を表現している。二例目では青銅製の兵器が「黄兵《こうへい》」と表記されており、賜与の対象は省略されているが、おそらく功績を挙げた家臣にそれを分与することを占ったのであろう。

殷代に作られた青銅礼器には、大きく分けて酒器・食器・楽器などがある。また、儀礼用の武器も広い意味で礼器に含めることがある。殷王朝では祭祀儀礼が盛行したこともあり、祭祀に用いる青銅器の鋳造技術も発達し、きわめて精巧なものが作られた。

図表23に酒を盛る器である尊《そん》と卣《ゆう》を挙げた。このうち尊は酒樽《さかだる》であり、この図の尊は器形が特に美しく、また牛の頭を模した飾りや竜を意匠化したと思われる文様が配されている。

卣は蓋がついた酒器である。匂いを付けた酒（「鬯《ちょう》（）」と呼ばれる）を入れるため、蓋を閉じて匂いが飛ばないようにしたのであろう。この図の卣にはびっしりと文様が鋳込まれており、器の側面に描かれているものは「饕餮文《とうてつもん》」と呼ばれる。饕餮文は動物をモチーフに作られているが、当時の信仰で魔除けの怪物であったと考えられている。

図表23　殷代の酒器（河南省文物研究所・鄭州市文物考古研究所『鄭州商代銅器窖蔵』。左：尊、右：卣）

食器については、食物を煮炊きする鼎《てい》や、蒸すための器である甗《げん》、食物を盛る器である簋《き》や盂《う》などがある。そのほかにも殷代の青銅礼器には、水を入れる盤《ばん》、液体を汲《く》む勺《しゃく》、打楽器である鉦《しょう》など多様なものが見られる。

図表23から分かるように、殷代の青銅器は造形が美しく、また文様も精緻であり、当時の工芸技術の粋《すい》を集めたものであった。古代中国における青銅器の鋳造技術は、殷代を頂点として西周代になるとやや衰退しており、このことは殷王朝がいかに青銅器の製作に力を入れていたのかを示している。

なぜ殷王朝は、これほどまでに青銅器の美しさにこだわったのだろうか。その理由は、青銅器には支配者の権力を表示する役割があったためと考えられる。

新石器時代から作られていた土器は、生産が比較的容易であり、また少人数で作ることができた。新石器時代末期に出現した黒陶《こくとう》については、当時としては高い技術が必要だったが、それでも集落の単位で製造が可能であり、せいぜい集落のリーダーの権力を表す程度の役割しかなかった。

これに対し青銅器は、原料となる銅を入手するだけでも多くの人々を動員する必要があった。銅鉱山は南方に存在したため、拠点を造営したり交通路を確保したりしなければならず、王朝単位の大規模な軍事力があってはじめて銅を獲得できたのである。

また、金属の精錬や鋳型の設計・加工なども、土器を作るよりも高度な技術が必要であり、専門技術者の育成や雇用をしなければならなかった。殷代後期の甲骨文字にも百工《ひゃっこう》（）や多工《たこう》（）などの用語があり（工は技術者を指す）、殷王が多数の技術者を支配下に置いていたことを示している。そのほか、工房の建築や定期的な燃料の搬入など、青銅器は製造過程にも大きな権力が必要であった。

つまり、当時は青銅器を持つことができる人物は、殷王かその臣下に限定されていたのであり、そのため青銅器の所持が権力の表示に直結したのである。そして、ひとたび青銅器が権力の象徴であるという認識が定着すれば、その生産は、権力を誇示し、またそれを維持するために効率的な方法となる。

こうしたわけで、殷代には王朝の権力を注ぎ込んで青銅器の製作に取り組んだのである。そして、殷王は祭祀儀礼において青銅器を使用することで、自己の権力を人々に見せつけ、支配体制を安定化しようとしたのである。また、臣下が所持した青銅器についても、自己が所属する集団で祭祀に用いることにより、王との関係や王朝における自身の地位を示し、集団内部で優位に立とうとしたものと考えられている。

古代中国において、青銅器が初めて作られたのがどの時代かは確定していないが、継続的に生産されるようになったのは二里頭文化の時代である。その次の時代である二里岡文化（殷代前期）において、早くも非常に高い技術と芸術性を持った青銅器が生産されたのであり、前掲の図表23も二里岡遺跡から発掘されたものである。青銅器が権力の構築に及ぼす影響がいかに強かったかが分かるだろう。

その後、西周代になると、儀礼そのものによって権威を表示する手法が発達したため、相対的に青銅器の壮麗さの価値は減少した。その結果、西周代の青銅器は殷代に比べて簡素化されるようになったのである。

祭祀犠牲とその意義

殷代の祭祀儀礼では、舞踊や酒などのほか、家畜を犠牲（生けにえ）として神への供物にしていた。殷王が主宰した祭祀の場合には、次に挙げるように特に多くの家畜が用いられた。

・甲辰卜《こうしんぼく》して王《おう》、翌乙巳《よくいつし》、成《せい》に五羊《ごよう》を燎《りょう》せんか。

○甲辰の日に甲骨占卜をして王（が占った）、次の乙巳の日、成（大乙）に対して五頭の羊を焼き殺す儀礼に供しようか。

・己亥卜《きがいぼく》して賓《ひん》、三十牛《さんじゅうぎゅう》を改《かい》せんか。

○己亥の日に甲骨占卜をして賓（が占った）、三十頭の牛を改（祭祀名）しようか。

・丁巳卜《ていしぼく》す、侑《ゆう》するに、父丁《ふてい》に百犬《ひゃっけん》・百豕《ひゃくし》を燎《りょう》し、百牛《ひゃくぎゅう》を卯《ぼう》せんか。

○丁巳の日に甲骨占卜をした、祭祀をする際に、父丁（武丁）に対して百頭の犬・百頭の豚を焼き殺す儀礼に供し、百頭の牛を裂き殺す儀礼に供しようか。（原典は図表24）

図表24　王による祭祀の犠牲（『甲骨文合集』32674。一番左が書き出しの右行の文章）

燎《りょう》（）は、組んだ薪に火をつけた様子を表しており、犠牲を焼き殺す儀礼である。一例目の甲骨文字では、建国者の成（大乙）に対して五頭の羊が「燎」の犠牲として用いられている。また改《かい》（）は、蛇を叩《たた》き殺す様子を表した文字であり、おそらく祭祀においても犠牲を叩き殺したのであろう。二例目では三十頭の牛が「改」の儀礼に捧げられている。なお、いずれも現代から見れば残酷な殺し方であるが、当時は「動物愛護」のような思想はなかったので、現代の倫理観で善悪を判断できるものではない。

ここで挙げた甲骨文字のうち、一例目と二例目は武丁が挙行したものであり、三例目は武丁の死後、武丁（文中では「父丁」）を祖先神としておこなわれた儀礼である。三例目では、合わせて三百頭もの家畜（犬は番犬や軍用犬以外に食用にもされていた）を犠牲としており、燎は前述のように犠牲を焼き殺す儀礼であり、卯《ぼう》（）は犠牲を裂き殺すものである。

このように、殷王が主宰した祭祀では多数の犠牲が捧げられていたが、科学的に見れば、祭祀において家畜を殺したとしても、直接的に神から祐助が得られることはない。そのためこうした犠牲は、現代の我々から見れば無駄のようにも思われる。しかし、家畜を祭祀犠牲にすることは、実は当時の支配者にとって有益な行為だったのである。

殷代には農耕や牧畜が効率化されておらず、新石器時代とほとんど変わらない生産体制だったため、牛や羊などの家畜は貴重であった。殷王は、祭祀において「貴重な物品」である家畜を大量に使用することで、自己の経済力を人々に誇示したのである。

特に牛は成長が遅く、繁殖力も弱いため、最も高級な家畜であった。殷王は最高級の家畜である牛ですら大量に消費しており、それは王の権力を最も印象づけるものだったと考えられている。

なお甲骨文字には、王が牛の牧場を視察したり、臣下に牛の徴用を命令するという記述も見られ、これは殷王自身が牛の政治的重要性を自覚していたことを示している。

・貞《と》う、王往《おうゆ》きて牛《うし》を省《しょう》せんか。
○占った、王は行って牛を視察すべきか。
・貞《と》う、皐《こう》を呼《よ》びて牛《うし》を廾《きょう》せしめんか。
○占った、皐（人名）を呼んで牛を徴用させようか。

さらに、祭祀において犠牲に用いられた家畜については、儀礼の種類にもよるが、埋めたり川に流したりするもの以外は肉が残ることになるので、おそらく臣下に分配されたのであろう。酒を捧げる儀礼でも同様に、祭祀の終了後には参加した人々に与えられたと思われる。

つまり、殷王がおこなう祭祀儀礼は、参加する臣下にとっても、実益を伴うものだったのである。

殷代の祭祀儀礼は、王の宗教的権威を構築し、また人々に経済力を示し、さらに供物の分配を媒介として君臣関係を確認する意義もあり、一石で二鳥も三鳥も得られる効率的な政治行動であった。

殷代の奴隷

甲骨文字には祭祀で人間を殺す記述も見られる。殷代には、家畜だけではなく人間までも犠牲に用いていたのである。次に挙げたのは、甲骨文字に記された人牲《じんせい》の例である。

・上甲《じょうこう》に三人《さんにん》を伐《ばつ》し、王祐有《おうゆうあ》るを受《う》くるか。
○上甲に対して三人を首を切り落とす儀礼に供し、王は祐助を得られるか。（原典は図表25）
・其《そ》れ二十人《にじゅうにん》を発《はつ》せんか。
○二十人を発（祭祀名）しようか。
・癸卯《きぼう》、義京《ぎきょう》に羌三人《きょうさんにん》を宜《ぎ》し、十牛《じゅうぎゅう》を卯《ぼう》し、侑《ゆう》せんか。
○癸卯の日、義京（施設名）で羌の三人を宜（祭祀名）し、十頭の牛を裂き殺す儀礼に供し、祭祀をしようか。

・貞《と》う、禦《ぎょ》するに、唐《とう》より大甲《たいこう》・大丁《たいてい》・祖乙《そいつ》に百羌《ひゃっきょう》・百《ひゃく》宰△もちいんか。

○占った、守護を祈る祭祀をする際に、唐（大乙）から大甲・大丁・祖乙までに対して百人の羌・百組の宰（羊と豚のセット）をもちいようか。

伐《ばつ》（〓）は武器である戈《か》で人の首を切る形であり、甲骨文字では敵対勢力を攻撃する意味にも使われるが、ここでは文字通り首を切り落とす儀礼の意味で用いられている。発《はつ》（〓）は弓を射る様子を表しており、おそらく犠牲を射殺する祭祀であろう。また、宜《ぎ》（〓）は、俎《まないた》に肉を盛った様子を表しており、文字通りの祭祀儀礼であれば、犠牲の肉をそぎ落としたということになる。

　このような祭祀の犠牲となった人間は、どのような存在だったのだろうか。三、四例目に記された「羌《きょう》」は、北西方面の異文化地域にいた人々であるが、甲骨文字では戦争捕虜とし

図表25　人牲の占卜（『甲骨文合集』26997。末尾の二（＝）は重複記号）

て多く見られ、彼らは王や貴族の奴隷にされていた。つまり、殷代には奴隷を神への犠牲として用いていたのである。

羌（）の字形は、上部が羊の角、下部が人の形であり、異体字の「」という形では後頭部に辮髪《べんぱつ》のようなものをつけている。辮髪は北方の遊牧民に多く見られる慣習であるため、羌を羊飼いの遊牧民とする説もある。

いずれにせよ、殷王朝では多数の羌の人々を捕らえ、それを奴隷にしていたのだが、殷代の奴隷をどのような役割として見るかで過去に議論があった。最も有名なものが、郭沫若による「奴隷制時代」という学説であり、簡単に言えば、殷代や西周代などを「奴隷制社会」と見なし、当時の生産体制の大部分が奴隷の使役によるものだったとする主張である。

殷代を「奴隷制社会」とする論拠としては、甲骨文字で「衆《しゅう》（）」が農作業に動員されていることが挙げられており、そこから殷代の「衆」を奴隷と見なし、奴隷制生産の証拠としたのである。

また、『尚書』太誓《たいせい》篇には周の武王の言葉として「受《じゅ》（紂王の名）に億兆《おくちょう》（億は十万、兆は百万）の夷人《いじん》有《あ》るも、心《こころ》を離《はな》し徳《とく》を離《はな》す」とあり、この記述を殷王が非常に多くの奴隷を支配していたことの論拠とする。

そのほか、甲骨文字の字形に井田制《せいでんせい》（耕作地を九分割して一つを公田《こうでん》とする制度）や牛耕《ぎゅうこう》

（牛に犂を牽かせる農法）の普及を示す文字があるとし、王や貴族などの「奴隷主階層」が、奴隷を使役して大規模な農地経営をしていたと見なした。

しかし、郭沫若の主張は、いわゆる「唯物史観《ゆいぶっしかん》」を全面的に肯定したうえで中国史を解釈したものであり、古代ヨーロッパの奴隷制社会（古代ギリシャのアテネを典型とする）を無前提に普遍化したものであった。

そのため、今から見れば、資料の扱い方がかなり粗雑である。まず甲骨文字の「衆」であるが、農作業だけではなく、王が主宰する祭祀儀礼への参加が記されており、また衆の安全を祈る祭祀もおこなわれていることから、現在では配下の人々を指す一般的な呼称であることが判明している。

また、現存の『尚書』太誓篇は偽作部分を多く含んでおり、前掲の文章も本来は「紂《ちゅう》に億《おく》兆《ちょう》の夷人《いじん》有《あ》るも、亦《ま》た徳《とく》を離《はな》す有《あ》り」（『春秋左氏伝』が真作を引用）である。そもそも『尚書』の真作部分ですらも春秋戦国時代に作られたものであるため、無条件に殷代や西周代の資料と見なすことはできない。

甲骨文字の字形についても、井田制の根拠とされたのは、耕作地の象形である田（田）の異体字に「囲」の形があることだが、甲骨文字に千例以上ある「田」のうち、「囲」の形は僅か数例である。これをもって井田制の普及とするのは強弁にほかならない。さらに「井田制」自体が、戦国時代の思想家によって過去の社会が理想化されたものであるため、歴史事実と見なすことはできないのである。

牛耕の根拠とされたのは「」という文字であるが、これは「勿牛《りぎゅう》（）」の合文《ごうぶん》（複数の文字を合わせて熟語を表現した文字）である。甲骨文字の段階では刀（）で牛（）を殺すことを意味しており（小点は血液であろう）、犠牲の種類を表す文字としても転用されたが、いずれにせよ牛耕を表した文字ではない。

奴隷制社会は「生産労働の担い手が奴隷である社会制度」（『広辞苑』）のように定義される。甲骨文字では、「衆」ではなく「宰《さい》（）」が奴隷の意味で用いられているが、戦争に従軍する記述はあるものの、農作業や工業生産への動員は見られない。現状では、王都の家内奴隷以外には、多人数の奴隷がいたという証拠は全くないのである。

実は、こうした「奴隷制時代」説の欠点は、一九四四年に発表された胡厚宣「殷非奴隷社会論」がすでに指摘しており、「殷代には奴隷がいたものの、それによって殷代を『奴隷社会』と言うことはできない」と述べている。

胡厚宣はこれに続けて「殷代の奴隷は、多くが貴族の祭祀・殉葬の犠牲に供されており、そのほか小規模の強制労働があったとしても、社会生産の主要な階層については、決して奴隷ではなく、今までに発見された資料は少ないものの、これは確かなことである」と分かりやすく説明している。

結局のところ郭沫若の主張は、資料を検討した結果として殷代が奴隷制社会であると結論したのではなく、「歴史上のどこかの段階に必ず奴隷制社会がある」という唯物史観を前提として、歴史資料に奴隷の記述がある殷代や西周代を奴隷制社会と見なしただけなのである。歴史学というよりは、中国で伝統的な経学《けいがく》（儒学経典を重んじる思想）に近いものと言えるだろう。

なお前掲の胡厚宣の主張は、第二次大戦中に出版された『甲骨学商史論叢《こうこつがくしょうしろんそう》 初集』に掲載されたものである。しかし、中華人民共和国が成立した後は、唯物史観が一種の国教のように扱われたため、胡厚宣も自説を主張することはなくなった。現在の中国でも、以前ほど思想統制が厳しくなくなったとはいえ、いまだに唯物史観が正統視されており、それを基礎とする研究書や教科書も多く見られる。

奴隷の供給と消費

甲骨文字に見える人牲は、出自を示したものでは「羌」が最も多い。前章で述べたように殷王朝の北西方面には敵対勢力が多く存在したが、羌もその一部であったと考えられている。むしろ、北西方面の𢀛方や土方などは祭祀犠牲の出自として記されていないので、より大きな区分が「羌」であり、𢀛方や土方がその一部だったのかもしれない。

羌は、周代において周王朝に協力した勢力である「姜」と字形が近く、同一勢力とする説がある。現状では確実な資料はないが、羌・周ともに殷末において殷王朝と敵対したため、それらが協力したというのは整合性のある解釈である。

殷代の奴隷は戦争捕虜が供給源だったが、甲骨文字には羌を捕らえることの占卜も多く見られ、殷王朝側が積極的に進出して獲得する場合もあったことが分かる。𢀛方などの強大な勢力はともかく、分散して生活していた人々は容易に捕獲されたと思われる。

そして殷代には、わざわざ獲得した奴隷を祭祀犠牲に供していた。そこにはどのような意義があったのだろうか。もちろん、奴隷を殺しても神から直接的に祐助が得られることはない。また、殷代には人肉食の習慣はなかったので、家畜の犠牲のように食肉として分配することもできない。

おそらく、殷王は戦争捕虜の奴隷を祭祀儀礼で用いることにより、自己の軍事力を誇示したのであろう。当時は、王朝の周辺地域に敵対勢力が多く存在していたのであるから、その出身者を人々の前で殺すことは、王の権威を高めたはずである。

そもそも殷代の奴隷は、前述のように王や貴族の家内奴隷に限定されていたので、それ以外の戦争捕虜は必要としなかったと考えられる。農奴《のうど》の管理技術がなかったのか、そのほか

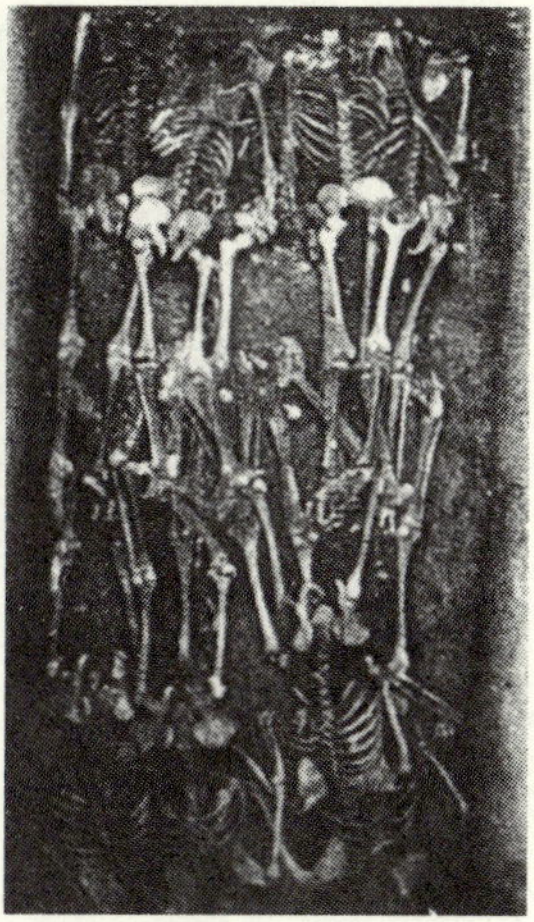

図表26　殷墟遺跡から発見された人身犠牲（中国社会科学院考古研究所『殷墟的発現与研究』。胴体は上下互い違いで埋められている）

の問題なのかは分からないが、甲骨文字には農奴の記述がなく、余剰の捕虜は祭祀犠牲以外に「使い道」がなかったのである。そのため、大量に戦争捕虜を獲得した場合、不要になった余剰の奴隷を祭祀犠牲にしたのであろう。

甲骨文字によれば、羌の人々は、ときに百人あるいはそれ以上が祭祀犠牲に供された。前項で挙げた甲骨文字のうち、四例目では建国者である唐（大乙）に対して、百人の羌と百組の牢△（羊と豚のセット）を捧げている。

殷代には非常に多くの人牲が用いられており、甲骨文字で占われた数は延べ二万人を超える。その一部には、同一の祭祀に対して複数回の占卜をしたものや、後述するように犠牲の数を選択するものがあるので、これがそのまま実数ではないものの、殷墟遺跡からはすでに三千人を超える祭祀犠牲の遺体が発見されており、甲骨文字の記述を裏付けている。

図表26に、発掘された殷代の人牲遺体を掲載した。おそらく首を切る「伐」の儀礼に供されたものであり、頭部と胴体部分は別々の場所から発見されている。また、穴の容積を節約するためか、胴体部分は上下互い違いで埋められている。

殷王朝によって捕虜になった人々は、運良く祭祀犠牲にならなかったとしても、王や貴族の奴隷として苛酷な環境が待ち受けていた。一部の奴隷は逃亡防止のために足首を切断したり、目を潰したりする処置がされており、次のように「刖《げつ》」や「民《みん》」などと称されている。

・貞《と》う、宰八十人《さいはちじゅうにん》を刖《げつ》するに、死《し》なざるか。
○占った、奴隷の八十人の足首を切断するが、死なないか。

・辛未《しんび》貞《と》う、其《そ》れ多宰《たさい》を民《みん》せんか。
○辛未の日に占った、多くの奴隷の目を潰そうか。

刖（）は、刀で人間の足首を切り落とす様子を表しており、一例目は八十人の家内奴隷に「刖」をすることを占っている。また、民（）は鋭い刃物で目を潰す形であり、二例目は多くの家内奴隷に「民」をすることの占卜である。

そして、最終的に仕えていた主人が死ぬと、奴隷は強制的な殉死または人牲となった。殷墟遺跡の発掘報告によれば、殷王の墓からは特に多くの殉葬者や人牲遺体が発見されており、その中には子供の遺体も含まれている。

なお、こうした行為は現在から見れば邪悪で残忍であるが、それは「人権」を前提にするからである。人権思想は近代になって成立したものであり、人間社会の歴史から見ればごく浅いものにすぎない。当然、三千年以上も前の殷代には、そうした思想はなかったのであるから、現代の善悪観を当てはめて考えることはできないのである。

羌以外の人牲については、甲骨文字で出自が示されたものに「南《なん》」と「華《か》」がある。

・翌庚辰《よくこうしん》、十南《じゅうなん》を燎《りょう》せんか。

○次の庚辰の日、十人の南を焼き殺す儀礼に供しようか。

・妣庚《ひこう》に侑《ゆう》するに、一華《いっか》もちいんか。二華《にか》もちいんか。三華《さんか》もちいんか。

○妣庚に祭祀をする際に、一人の華をもちいようか。二人の華をもちいようか。三人の華をもちいようか。

一例目で占われている南（[illegible]）は、文字としては打楽器の象形であるが、「燎」は犠牲を焼き殺す祭祀儀礼であるから、原義ではなく南方の人々が戦争捕虜になったものと見るべきである。西周代の金文には淮水《わいすい》下流域の人々を「南淮夷《なんわいい》」とする表現があり、おそらく甲骨文字の「南」もその地域からの捕虜であろう。

二例目は人牲の数を選択する占卜である。華（）は花の象形であり、甲骨文字には「華《か》侯《こう》」という地方領主も見られるが、確実に居住地を判断できる記述がない。ただし、殷王朝の西部地域には後に「華山《かざん》」と呼ばれる山岳があるので、この方面からの捕虜と思われる。

南や華は、甲骨文字では人牲の記述が少なく、また犠牲の数も一回に十人が最多であり、羌と比べて例数・人数ともに大きく異なっている。甲骨文字によれば、北西方面の勢力とは戦争が多発したが、南方や西方では大規模な戦争があまり見られない。おそらく、都から辺境まで遠かった（前掲の図表13参照。53頁）ことが政治的対立を少なくし、結果として戦争捕虜や人牲も少なくなったのであろう。

「神権政治」とは何か

殷代の王は盛んに祭祀儀礼を挙行したが、それは純粋な信仰心からではなく、神への信仰を通して自身の宗教的権威を確立することが目的であった。また、祭祀で用いられた青銅器や犠牲についても、王の経済力や軍事力を誇示する働きがあった。

殷王朝の政治は「神権政治《しんけんせいじ》」と呼ばれるが、それは決して「神に頼った政治」ではなく、「支配者が神への信仰を利用した政治」だったのである。

これを最もよく表しているのが殷代の甲骨占卜である。殷王は、対外戦争や大規模な祭祀など、重要な政策であっても占卜によって実行を決定しており、甲骨占卜は、当時において最も重要な宗教儀礼であった。

甲骨占卜は、名目上は神意を知るための手段であるが、実はこれも政治的に利用されたものであった。以下は、二〇〇五年に筆者が甲骨占卜の再現実験に成功して明らかにしたことである（発表は翌年。実験には現代の肉牛の肩甲骨を使用）。

甲骨占卜の方法は、家畜（殷代には主に牛）の肩甲骨や亀の腹甲などに熱を加え、発生した卜兆《ぼくちょう》（ひび割れ）の形によって将来の吉凶を占うものである。ただし骨は厚すぎると加熱しても卜兆が発生しないため、全体を薄く削る必要がある。筆者の実験の結果、牛の骨では約四ミリメートルの厚さが最も卜兆を発生させやすいことが判明し、実際に殷代の卜骨《ぼっこつ》（占卜に使われた骨）もその程度の厚さに加工されている。

そして、殷代の甲骨は裏側に「鑽鑿《さんさく》」と呼ばれる窪みが彫られている。丸く浅い窪みが鑽であり、細長く深い窪みが鑿である（図表27の上段参照）。かつては、鑽も鑿も占卜において必要不可欠と考えられていたが、筆者の実験によって、それが誤りであることが判明した。

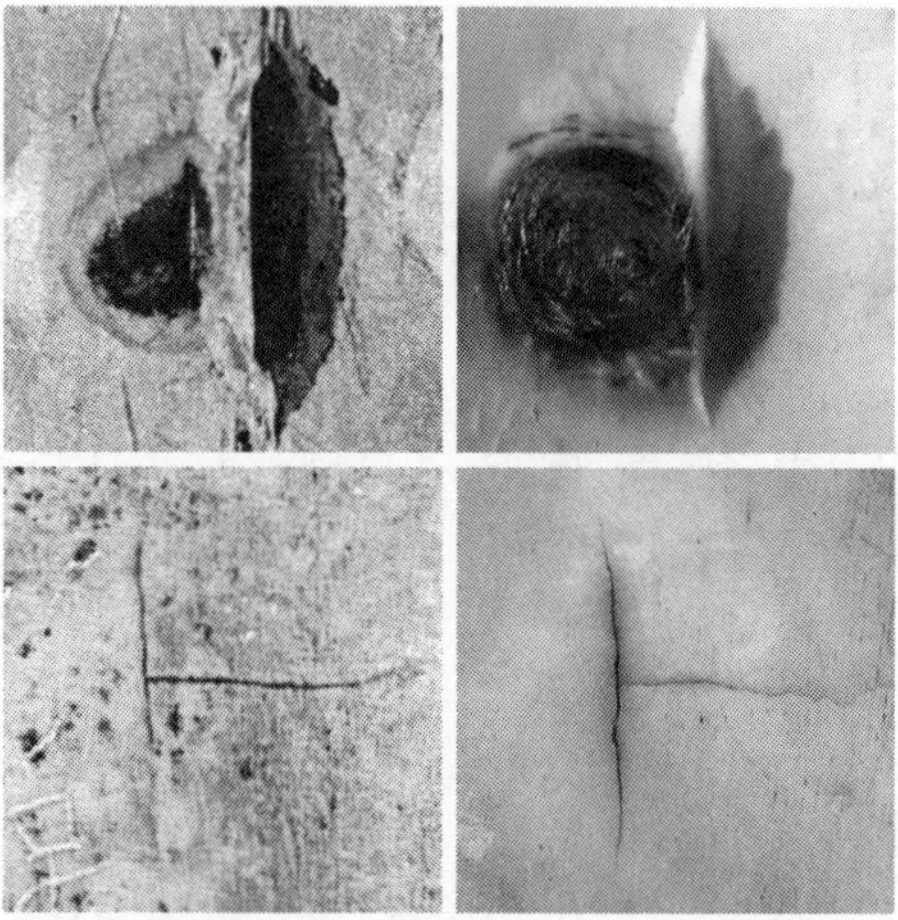

図表27　鑽鑿と卜兆（許進雄『卜骨上的鑿鑽形態』・中国社会科学院考古研究所『殷墟小屯村中村南甲骨』・落合淳思「殷代占卜工程の復元」。上段は裏側の鑽鑿、下段は表側の卜兆。左は殷代の卜骨、右は筆者の実験。それぞれ異なる卜骨の写真）

結果だけを言えば、鑽は骨の厚みを調整するための加工であった。骨の凹凸などによって均一な厚さに削ることが難しい場合、全体的に厚めに加工しておき、熱を加える部分にだけ鑽を彫り、その部分の厚みを約四ミリメートルに調整したのである。

逆に、骨全体を均一な厚さに削ることができれば鑽は不要であり、実際に、殷代の卜骨にも鑽がないものが多く見られる。

一方、鑿は卜兆の形をコントロールする役割があり、これが殷代の甲骨占卜で重要な意味を持っていた。

鑿を彫らずに熱を加えると、不規則にひび割れが発生することが多く、卜兆の形は予測できない。これが本来の占卜の形態であり、甲骨占卜が始められた新石器時代末期の段階では、卜骨に鑿が彫られていない。

しかし、鑿を彫って熱を加えることで、熱を加えた部分に鑿に向かう横向きのひび割れが発生し、同時に鑿の中心線に沿って縦長のひび割れが形成され、両者を合わせて「卜《ぼく》（卜）」字形の卜兆が骨の表側に出現する（図表27の下段参照）。これが殷代の甲骨占卜における「吉兆」であった。さらに、筆者が二〇一二年に卜兆の形と吉凶の記述を照らし合わせて調査したところ、縦方向のひび割れが特に重要であり、これが長いほど「大吉（大吉）」とされていた。

このように、殷代の甲骨占卜は事前に加工されており、あらかじめ縦長の鑿を彫ることで「吉」が出るように操作されていたのである。つまり、殷王は名目上では甲骨占卜によって神意を知るのであるが、実際には、甲骨占卜によって自身が望んだ行為を人々に受容させることができたのであり、信仰を利用して自己の政策に正当性を与えていたのである。

人間社会にはある程度の合理性が必要であり、それは古代文明でも同じである。「神権政治」は、建て前としては神の力によって成り立つものであるが、それは表向きのことであり、実態としては為政者が信仰を利用して支配体制を構築していたのである。

政治技術が未熟な時代であっても社会の安定は必要とされる。そのため、長期間にわたって続けられた行為は、一見すると非合理的に思われるものでも、何らかの合理性を伴っている場合が多い。歴史を見るときには、過去に実在した社会として、その時代なりの合理性を把握することが重要なのである。

なお、殷王の臣下のなかにも、もしかしたら甲骨占卜の作為性に気づいた者がいたかもしれない。しかし、一般的に言えば、支配者の権威が高まればその臣下にも利益が発生するのであるから、そうした権力構造を理解していれば、「合理的な判断」によって甲骨占卜の操作は黙認されたことであろう。

《古代文明の公共事業》

前章と本章で述べたように、殷王朝では、軍事力による支配と信仰を介した支配が併用されていた。前者は「物理的な支配」、後者は「精神的な支配」と呼ぶことができる。このふたつは、これまで歴史学者や考古学者によって熱心に研究されてきた分野である。

筆者は、殷代の支配構造としてもうひとつ、いわば「経済的な支配」と呼ぶべきものがあったと考えている。それは、一種の公共事業を媒介にした支配体制であり、これによって殷代における大規模な土木事業を合理的に説明できる。

殷代前期においては、第1章で述べたように大規模な都城が造営されており、首都の鄭州商城や副都の偃師商城では、それぞれ城壁の建設だけでも延べ一千万人、あるいはそれ以上が動員された。

殷代後期になると、首都の城壁が小規模になっており、これは都に諸族が集住したため都市設計に大幅な変更があったことが理由と推定されている。しかし、土木事業は続けられており、殷墟遺跡からは巨大な王墓や宮殿の跡が発見されている（宮殿の発掘風景は図表28を参照。王墓は第4章の扉を参照。117頁）。また、甲骨文字にも王が新たに都市や耕作地を作る記述が見られる。

図表28　殷墟遺跡の宮殿跡（中国社会科学院考古研究所『安陽小屯建築遺存』）

かつての「奴隷制社会」論では、こうした土木事業で奴隷を使役したと考えていたが、戦時の人員徴発ですら数千人（第2章参照）であった王朝には、大量の奴隷を継続的に強制労働させる力があったはずはない。一方、王の宗教的権威によっても、一般の人々を長期間にわたって働かせられたとは思われない。短期間であればともかく、継続的な労働を要求するならば、その対価が必要となるのである。

それでは、古代文明の王朝では、どのようにして労働への対価を準備したのだろうか。それは、税として徴収した穀物が原資だったと考えて間違いないだろう。ただし、殷王朝の収支については甲骨文字などに直接的な記述がないので、推測に頼らざるを得ない。以下は筆者の思考実験である。

当時は生産効率が低かったため、王や貴族などの非生産人口はかなり少なかったと考えられているが、計算を分かりやすくするために非生産人口を二〇%とし、農民を八〇%として単純化する。自給自足の社会とすると、農民四人で五人分の食糧を生産することになるので、生産量は一人あたりの消費量の一二五%となる。王や貴族が必要とするのはそのうち二五%分であるが、余分に収奪することが権力を形成するためには重要であり、仮に五〇%分として計算する。

このように仮定すると、農民は税収によって食糧が不足するため、農閑期において土木事業に参加し、対価として穀物を受け取ることを選択せざるを得ない。つまり、税を収奪するだけの権力があれば、あとは強制することなく、しかも何ひとつ失うことなく、王は自己の権威を高める建築物や、都市の城壁などを作らせることができたのである。

さらに、こうした公共事業には特殊な性質があり、動員の対象になった人々の方が、むしろ大きな利益を得られたと推定される。

実際の土木事業では、すべての農民を動員することは不可能である。なぜならば、短期間であっても農村の労働者をゼロにするのは現実的ではなく、また、土木現場にすべての農民を収容することもできないからである。したがって、古代文明の公共事業でも一部の農民だけが動員の対象になったと考えられる。そこで、それを前提として、もう一度思考実験をしてみたい。

人口や税率などの条件は先ほどと同じとし、全人口の二〇%の農民だけを公共事業に動員したと仮定する。この場合、徴税後の段階までは同じであるが、公共事業に対する報酬

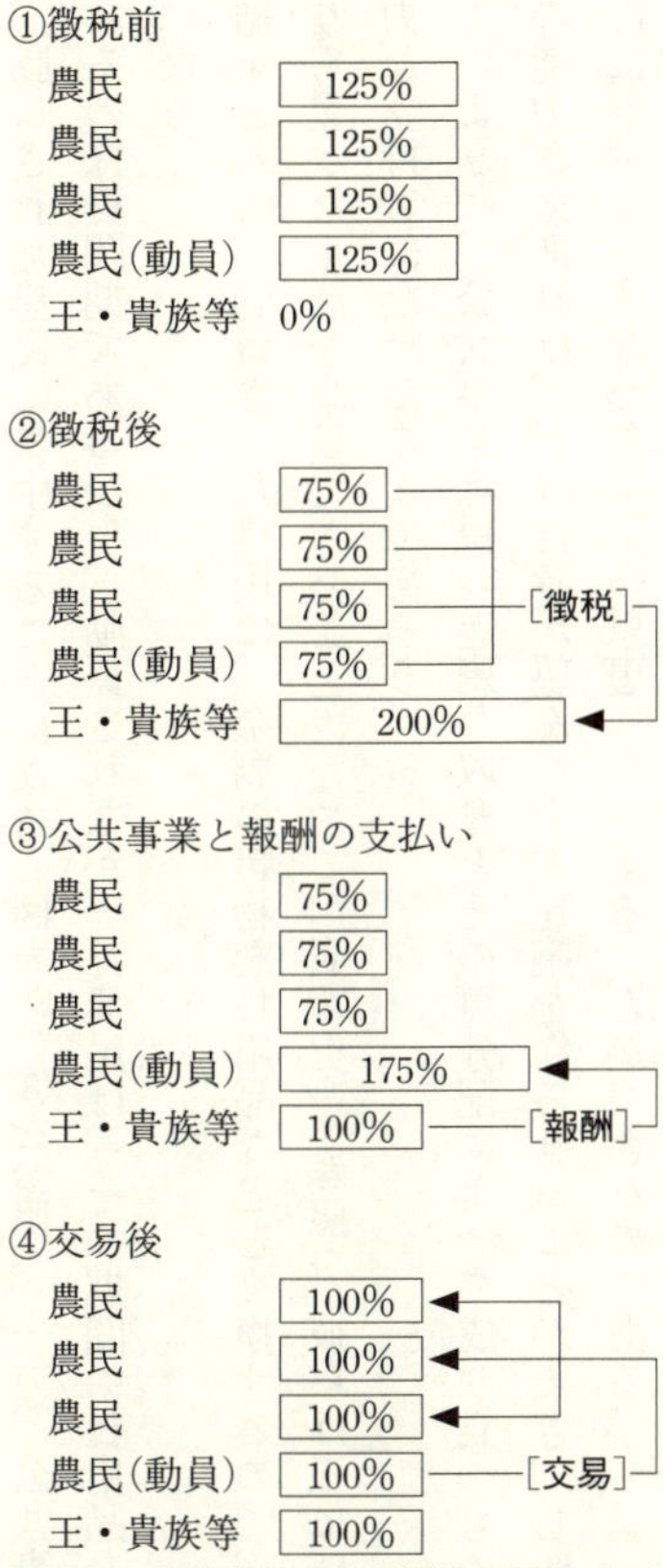

図表29　公共事業による穀物の収支（二番目の思考実験）

は、動員された農民に集中することになる（図表29の③を参照）。一方、公共事業がおこなわれるのは農閑期であるから、動員されなかった農民は、その期間に日用品などを作ることになる。

結果として、動員された農民は、余剰の穀物を日用品などと交換するので、一般の農民よりも豊かな生活を享受できたことになる（図表29の④を参照）。彼らは王に感謝し、王の強力な支持者になったことであろう。

このように、公共事業は税の過剰な収奪とその再分配によって成り立つものであり、税収の権力さえあれば、王は自身が望んだ土木建築を作らせることができ、しかも動員した農民にも利益、すなわち「王の恩恵」を与えることができたのである。

なお、古代文明における大規模な土木事業は、中国に限らずエジプトや日本などでも見られるものである。世界各地で同じように、公共事業を通した経済的な支配の構造があったのではないだろうか。

第4章　戦争と神秘性による支配——紀元前十三世紀

発掘中の武丁の墓（梁思永・高去尋『一〇〇一号大墓』）

殷の中興期

本章以降は、殷代後期（紀元前十三〜前十一世紀）について、甲骨文字を元にして王朝の変化を見ていきたい。

第4章では、武丁の治世にあたる紀元前十三世紀後半を扱う。すでに述べたように、武丁は分裂していた王統を再統一した人物であり、この時代は「中興期」と定義できるだろう。

なお、武丁の正確な在位期間は不明である。『尚書』無逸《むいつ》篇では、殷王の在位年数として中宗《ちゅうそう》（祖乙⑫）が七十五年、高宗（武丁㉑）が五十九年、祖甲㉔が三十三年、祖甲より後の王は十年以下だったとするが、甲骨文字や金文で年数が記録されるのは殷末の第五期が最初なので、これらは後代の創作と考えられる。また、甲骨文字や金文によれば、第五期の王の在位年数はいずれも十年より長く、この点からも『尚書』の内容が事実に基づいていないことが明らかである。

ただし、武丁代（第一期）の甲骨文字は最も数量が多く、全体の約半数を占めるので、武丁が甲骨占卜に熱心だったことを考慮しても、在位期間がかなり長かったことは事実と考えてよいだろう。殷墟遺跡に都が置かれたのは、考古学的な調査から紀元前十三世紀の半ばと推定されており、また武丁の在位期間が長かったことから、おおよそ紀元前十三世紀の後半が武丁の統治期と見なされる。

この時代には、分裂していた王統が武丁によって再統一されたものの、当初はまだ周辺地域に敵対勢力が多く存在しており、戦争が絶えなかった。第2章でも述べたことであるが、まずは武丁代の戦争について確認しておきたい。

第一期の戦争

武丁代の甲骨文字には、𢀛方・土方・蒙方・妻方など多くの敵対勢力（方国）が見られる。武丁は数千人の人員を徴発したり、あるいは沚䵹や倉侯などの地方領主を動員することで、これらに対処した。

武丁による戦争は、大敗はしなかったようだが、ときに方国によって攻め込まれることもあり、甲骨文字には次のような記述も見られる。

・癸亥《きがい》卜《ぼく》して王《おう》、方其《ほうそ》れ大邑《たいゆう》を敦《う》つか。

○癸亥の日に甲骨占卜をして王〔が占った〕、敵対勢力が首都の大邑を攻撃するか。
・…亥卜《がいぼく》して扶《ふ》、方商《ほうしょう》を征《せい》するか。
○…亥の日に甲骨占卜をして扶〔が占った〕、敵対勢力が首都の商を攻撃するか。

「大邑」と「商」は、いずれも殷代後期の都を指している。実際に攻撃があったかどうかは分からないが、敵対勢力が王都を攻めることが危惧されたのである。

しかし、最終的には殷王朝側の優勢が固定化していったようであり、𢀛方や蒙方などの敵対勢力のうち過半は、武丁死後の甲骨文字には見られなくなる。また、西方の周は武丁の軍事圧力によって殷の支配下に入っており、甲骨文字には武丁が周に命令する記述もある。

武丁代には、多発した戦争に対応して捕虜も多く獲得しており、一部は祭祀犠牲として供された。第3章で述べたように、人牲の出自には特に「羌」が多く、多いときには百人以上が家畜とともに神に捧げられた。

ただし、武丁による戦争は、短絡的な排外主義ではなかったようであり、異文化の人々であっても殷王朝に服従した場合には寛容に対応している。次に挙げた甲骨文字は、「羌」に属する人々の一部が武丁に服従していたことを示すものである。

・辛卯卜《しんぼうぼく》して品貞《ひんと》う、多羌《たきょう》を呼《よ》びて兎《うさぎ》を追《お》わしむるに、獲《え》るか。

○辛卯の日に甲骨占卜をして品が占った、多くの羌を呼んで兎を追わせるが、獲られるか。（原典は図表30）

・癸巳《きし》、羌宮《きょうきゅう》二屯《にとん》を示《し》せり。

○癸巳の日、羌宮が牛の肩甲骨二対を貢納した。

前者は、支配下に入った羌の人々を招いて、兎狩りをさせることを占っている。おそらく狩りの獲物という形で利益を与えたのであろう。武丁の側にとっても、服従した羌を呼びよせることで自己の権力を示す狙いがあったと思われる。

後者は占卜に使用する甲骨を貢納した記録であり、「羌宮《きょうきゅう》」と呼ばれた人物が二屯（屯は肩甲骨の左右一対を指す）の牛骨を納めたことを記している。これ以外にも、甲骨文字には「羌目《きょうもく》」「羌立《きょうりつ》」など、羌に属する人物が牛骨を納入したことが記されている。

図表30　羌への狩猟許可（『甲骨文合集』154）

ちなみに、亀甲は数十個から百個以上が納入されることが多いが、牛骨は多くが十屯以内である。殷王朝では祭祀儀礼において牛が大量に使用されていたため、牛の肩甲骨については貢納をあまり必要としておらず、牛骨の貢納は、どちらかといえば服従を表明する儀式的なものだったようだ。

武丁代の「子」

武丁代の支配体制においては、子商《ししょう》（）や子画《しが》（）など、「子某」（または「某子」）と呼ばれた人々も重要な役割を果たした。子某は、戦争への参加や甲骨の貢納などをおこない、また使者として各地に派遣されたり、王によって災厄の有無が占われたりすることもあった。

このように、子某は武丁代の甲骨文字では目立つ存在なのであるが、身分や王との関係について整合的な解釈をすることが難しく、長年にわたって研究が続けられてきた。そこで、やや複雑な内容になるが、武丁代の子某について詳しく見てみたい。

子某がどのような人々だったのかについて、甲骨文字の研究が始まった当初は、武丁の男子と考えられていた。武丁が王子を地方領主に封建し、それらが武丁に協力したという説である。

しかし、甲骨文字の解読が進むと、子某の人数が非常に多いことが判明した。子某は合計すると百名以上が甲骨文字に見られ、類似する文字を同一人物としても、少なくとも八十名は存在するので、その全員を武丁の男子とするのは無理がある。また、すでに述べたように殷代後期には確実な封建の例が見られないことも、この学説の弱点である。

そこで、戦後に修正案が提示された。殷代には「類別呼称」が用いられており、例えば「父」には実父だけではなく父の兄弟や従兄弟も含まれる。そこから「子某」についても類別呼称であると見なし、武丁の男子だけではなく、武丁の兄弟や従兄弟の男子も含まれるという解釈をしたのである。

そのほかにも、「子某」を年齢の表現と見なし、王族内部の青年団体の構成員とする学説がある。殷代において、文化人類学で言う「メンズ・ハウス」のようなものがあり、王族の子弟がそこで儀礼や武芸などを学んだという解釈である。

これらは、子某が殷王（武丁）と実際の血縁関係があったと見なす学説であるが、それに対し一九七〇年に松丸道雄によって、地方の氏族長と殷王との擬制的血縁関係（義理の血縁関係）であるとする見解が提示された。

論拠とされたのは殷代の金文であり、祭祀対象として記された「父乙《ふいつ》」や「父丁《ふてい》」などが殷代後期の王の呼称に一致することから、金文を作った氏族長が先代の王を父とする擬制的関係を殷王と結んでいたと考えたのである。簡単に言えば、殷王と地方の氏族長が義理の兄弟になったという説である。

「子某」と武丁に実際の血縁関係があったのか、それとも擬制的な関係かという議論であるが、後者には決定的な欠点が見つかった。

金文の製作年代については、当初は青銅器の形から特定することが難しかったため、一九七〇年の段階では文章や用語から確実に殷代のものであると判断できるもの（合計八例）だけを分析対象に用いていた。しかし、その後の研究で器形からの年代特定が進められ、父祖の呼称がある殷代の金文が大量にあることが判明した。しかも、その中には殷代後期の王の呼称に合致しないものも多く、例えば「父丙《ふへい》」や「父壬《ふじん》」などが見られるため、「先代の王を父とする擬制的関係」という考え方は破綻したのである。

さらには、殷の滅亡後、西周代において殷系の人々が作った金文にも、十干を用いた祖先呼称が多数見られる。十干を用いた祖先呼称は、殷王やその親族に限定されたものではなく、殷の文化において広く普及していたのである。したがって、殷金文の「父乙」や「父丁」なども、先代の王を祀ったものではなく、青銅器を作った人物の父祖を指していたことが明らかである。

なお、子某を擬制的血縁とする説は、「氏族制社会」という概念を前提にしているが、第

２章で述べたように、「侯」などと呼ばれた地方領主は本拠のほか多数の鄙（小都市や集落）を支配していたのであり、そのような巨大な氏族が一般的だったとは考えられない。

殷代には姓の表示がないので、血縁集団の規模を確かめることは難しいが、殷王以外の祖先祭祀は対象となる世代が短い（遠い祖先は祀らない）ので、血縁集団の規模はかなり小さかったと推定される。殷滅亡後の周代には姓が表示されるようになり、地方領主の領内には必ず多数の姓（血縁集団）が存在していたことが確実に判明する。

結局のところ、子某を王との擬制的血縁関係と見なす説は、二〇〇三年に撤回された。しかし、筆者は武丁代の「子」を擬制的関係とする考え方にも一定の価値があると考えており、その理由は従来の説にも問題が多いからである。

まずは子某を類別呼称とする説であるが、甲骨文字では存命中の人物に対して父某や兄某などと呼ぶことはなく、それらはすべて死者への呼称である。したがって、子某だけを生者の輩行分類とすることは非常に不自然である（甲骨文字には「孫某」の呼称も見られない）。

また、王族の青年とする説にも問題があり、甲骨文字では子某が時間の経過によって呼称が変化することはなく、若年層であることの表示とも考えられない。

さらに、子某をすべて王族の構成員と見なす学説は、甲骨文字に「王族」という用語が見えることを前提としている。しかし、「族（）」は軍旗の象形（）と矢の象形（）から

成る文字であり、殷代には原義である軍隊の意味で使われていた。王族（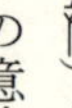）も次のように軍事に関連して記されており、血縁集団を表す用語ではなく「王の軍隊」の意味である。

・戊戌《ぼじゅつ》卜《ぼく》して争貞《そうと》う、惟《こ》れ王族《おうぞく》に令《れい》して戈《か》せしめんか。

○戊戌の日に甲骨占卜をして争が占った、王の軍隊に命令して軍事攻撃をさせようか。

・王族《おうぞく》其《そ》れ人方《じんぽう》の邑《ゆう》なる旧《きゅう》を敦《う》ち、右《ゆう》・左《さ》其《そ》れ挿《さ》さんか。

○王の軍隊は人方（敵対勢力のひとつ）に属する都市である旧（地名）を攻撃し、右・左が武力行使すべきか。

殷代には、王の軍隊を三つの部隊で編成することが多く、それぞれ「左・中・右」と呼ばれた。二例目は、そのうち右と左の部隊について、武力行使の可否を占っている。ちなみに、甲骨文字では三部隊の編成全体を三族《さんぞく》（）または三師《さんし》（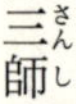）と称している。

実際のところ、甲骨文字の段階では、周代以降に見られる「王族（あるいは王室）」という概念は希薄であって、明確な枠組みが見られない。しかも、王の出自すら単一系統ではなく、複数の派閥があった（第5章末尾のコラムで述べる）。したがって、殷代史に関しては、血縁集団としての「王族」を前提にした研究はできないということになる。

二種類の「子」

このように、「子某」に関する先行研究にはいずれも矛盾点があった。それでは、どのようにしたら武丁代の子某を整合的に解釈できるだろうか。以下は、筆者が二〇〇五年に発表した説を元に述べていくが、結論を先に言えば、画一的に解釈しようとしたことが誤りだったのである。

図表31に、甲骨文字に見える子某のうち、用例数の上位十名を掲載した。「○」をつけた部分はそれぞれ軍事への参加や甲骨の貢納をおこなったことを示している。また、「地名の用例」の欄は、「子某」の「某」の部分が甲骨文字で地名として用いられているかどうかを表す。用例数は『殷墟甲骨刻辞類纂』を利用して統計しており、「子」の部分に甲骨の欠損があっても人名と判断できる場合には加算した。

	軍事行動	甲骨の貢納	地名の用例	用例数	分類
子商	○	○	○	76	領主
子漁	−	−	−	47	親族
子画	○	−	○	30	領主
子央	−	○	−	23	領主
子亦	−	○	○	17	領主
子畬	−	−	−	15	親族
子妋	−	−	−	13	親族
子𡧊	−	−	○	13	親族
子吕	○	−	○	13	領主
子辟	−	−	−	12	親族

図表31　甲骨文字の子某

この表から読み取れる傾向には、「某」に地名としての用例がある場合には、子某が軍事や貢納をおこなうことが多いという点がある。したがって、そうした子某は王都以外の土地に居住し、かつ一定の勢力を保持していたと考えられるので、地方領主の一種と見なすのが妥当である。

殷代における地方領主側の記録は発見されていないので、確実な証明はできないが、地方領主としての子某については、「先代の王を父とする現在の王との擬制的な兄弟関係」のような複雑な状況ではなく、現在の王、すなわち武丁との擬制的な父子関係だったと考えるのが単純明快である。

なお、地方領主の「子某」には「某侯」と一致する例がないので、第2章で述べたような遠方にあって多数の鄙を支配した大勢力とは異なると考えられる。また、ほとんどの子某は王畿の周辺にあった直轄都市とも名が異なっている。したがって地方領主の子某とは、おそらく王畿と遠方の領主の中間地域にあった小領主なのであろう（ごく一部は王畿内部の小都市の領主である）。

こうした中間地域は、王畿内の都市に比べて甲骨文字では関心が低く、また戦争の発生が少ないため遠方の地方領主ほど詳しい記述がない。そのため、どのような支配体制だったのかを分析することが難しいのが現状である。

領主としての子某に関連して、甲骨文字には「多子族《たしぞく》（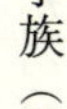）」という用語があり、かつては王子の集団や王族内部の青年集団と考えられていた。しかし、これも前掲の「王族」と同様に軍隊を指した用法であり、正しくは「多くの子（武丁と擬制的関係を結んだ領主たち）の軍隊」の意味である。

・癸《き》未《び》卜《ぼく》して争《そう》貞《と》う、旃に令《れい》して多子族《たしぞく》を以《ひき》いしめ、周《しゅう》を撲《ぼく》せしむるに、王使《おうし》を戴《たい》するか。五月《ごがつ》。
○癸未の日に甲骨占卜をして争が占った、旃（人名）に命令して多くの「子」の軍隊を率いさせ、周を攻撃させるが、王の使者を受け入れるか。五月［に占卜をした］。
・貞《と》う、叀《こ》れ多子族《たしぞく》に令《れい》して亶《りん》に従《したが》わしむるに、蜀王使《しょくおうし》を戴《たい》するか。
○占った、多くの「子」の軍隊に命令して亶（人名）に従わせるが、蜀（地名）は王の使者を受け入れるか。

文中の「戴王使（）」は、直訳すると「王の使者を受け入れるか」となるが、軍事攻撃を伴うのであるから、屈服・従属を意味する語句と考えられている。なお、二例目に見える「蜀《しょく》」は、後代には長江上流域（現在の四川《しせん》省成都《せいと》市付近）の地名としても使われるが、

殷文化圏からは遠く離れているので、春秋時代に見られる同名の土地（現在の山東省《さんとう》泰安市《たいあん》付近）を指していると思われる。

以上は地方領主としての子某であったが、一方、地名として見られない子某には、軍事や貢納をおこなう例が少ないので、こちらは王都に居住し、武丁の近くにいた人物ということになる。ただし、前述のように武丁の子の輩行ではなく、また王族内部の青年団体の構成員でもない。したがって、範囲をより広くとって親族の男性全般に対する呼称と見るべきであろう。

このように、武丁代の「子某」には親族男性への呼称のほか、それに擬《なぞら》えた地方領主との擬制的関係という二種類の用法があり、これが解釈を難しくしていたのである。

漢字は一つの文字に複数の意味があることが一般的であり、それは甲骨文字の段階から同じである。例えば、甲骨文字の「伐」には、軍事攻撃と首を切り落とす儀礼の意味があり、「馬」には動物のウマのほか、馬を扱う軍事担当者を指す用法もある。「子」もそうした多義字のひとつであった。しかも、甲骨文字は占いの内容を記録したものであるため、後代の歴史書や思想書のように詳しい説明は付されておらず、多義字の解釈をより難しくしているのである。

なお、前掲の図表31に挙げた子某には変則的なものがあるので、それについて簡単に解説しておきたい。まず最も用例が多い子商であるが、「商」は殷代後期の都の呼び名である。字形は「〓」を使う例が多く、殷の都である商（〓）とはやや異なるものの、同一地を指しているのであれば、この人物だけは例外的に王都内部に居住した有力者ということになる。また、王都の少し北に「漳水《しょうすい》」という川があり、甲骨文字では滳《しょう》（〓）で表されているので、その地域の領主という可能性もある。

子央《しおう》については、甲骨を貢納した例があり、おそらく地方領主であろうが、甲骨文字には央（〓）を地名として用いた確実な例がない。前述のように甲骨文字では中間地域に関心が低いので、現存の資料では偶然に見えないだけかもしれない。

また、宁については匚《ほう》（〓）という祭祀を挙行した地名としての例があるが、匚は「南《なん》室《しつ》」（宮殿の一室）や「上甲《じょうこう》の家《か》」（家は宗廟《そうびょう》施設）など王都内部でおこなわれる祭祀なので、王都において親族男性である子宁の居住地で祭祀を挙行したものと思われる。

そのほか、子画には貢納を記したものはないが、「画」の名義で多数の甲骨が貢納されているので、子画は画の領主と考えてよいだろう。甲骨文字では、画は殷王の滞在地や狩猟地として記されることもある。

ところで、武丁代には地方領主と親族男性に対して「子某」の呼称が用いられたのだが、武丁の死後には、どちらの用法もほとんど見られなくなる。つまり、親族の男性を子某と呼び、また中間地域の一部の地方領主に対してそれに擬えた関係を結んだのは、殷代における普遍的な制度ではなかったのである。武丁代の甲骨文字は数量が多いこともあり、「子某」は資料的に目立つ存在であったが、実際のところは、支配体制が未確立だった中興期において、暫定的に採用された政策であった。

帝への信仰

ここまでは、武丁代における軍事的・地理的な支配体制を中心に述べてきた。ここからは、信仰を介した支配について解説したい。

殷王朝では自然神と祖先神が信仰されていたが、武丁代には、これに加えて「帝《てい》（来）」という神が崇拝された。甲骨文字の記述では、帝は神々の中で最も権能が強いものとされ、しかも他の神よりも上位に置かれていた。

・丙寅卜《へいいんぼく》して争貞《そうと》う、今十一月《いまじゅういちがつ》、帝令《ていれい》して雨《あめ》ふらしむるか。
○丙寅の日に甲骨占卜をして争が占った、この十一月に、帝は命令して雨をふらせるか。
・庚戌卜《こうじゅつぼく》して貞《と》う、帝其《ていそ》れ我《われ》に暵《ひでり》を降《くだ》すか。
○庚戌の日に甲骨占卜をして占った、帝は我々に干魃を降すか。

・貞《と》う、成帝《せいてい》を賓《ひん》するか。

〇占った、成（大乙）は帝をもてなすか。

・貞《と》う、帝雲《ていうん》に燎《りょう》せんか。

〇占った、帝雲に対して犠牲を焼き殺す儀礼をしようか。

一、二例目は天候に関する記述である。殷代において降雨を司るとされた自然神は河や岳であるが、帝はそれらの神に命令して雨を降らせる（あるいは降らせない）権能があると考えられていたのである。三例目は建国者である成（大乙）が帝をもてなすかどうかを占ったものであり、帝は神話上で自然神だけではなく祖先神よりも優位にあったことが分かる。

帝は人間が祀ることすらできない至高の存在とされていたようであり、甲骨文字には帝に対する直接的な祭祀儀礼が見られない。その代わり、四例目にある「帝雲《ていうん》」あるいは「帝臣《ていしん》（帝五臣《ていごしん》・帝五玉臣《ていごぎょくしん》とも）」に対して祭祀がおこなわれており、帝雲や帝臣は神話上の帝の臣下と考えられている。

そのほかにも、帝は多様な力があるとされ、甲骨文字には次のような記述が見られる。

・貞《と》う、王《おう》惟《こ》れ沚馘《しかく》を従《したが》え巴方《はほう》を伐《う》ち、帝我《ていわれ》に祐《ゆう》を授《さず》くるか。

○占った、王は沚馘（地方領主）を従えて巴方（敵対勢力）を攻撃し、帝は我々に祐助を授けるか。

・庚午卜《こうごぼく》して内貞《ないと》う、王邑《おうゆう》を作《つく》るに、帝諾《ていだく》するか。

○庚午の日に甲骨占卜をして内が占った、王が邑（都市）を作るが、帝は承諾するか。（原典は図表32）

・丙辰卜《へいしんぼく》して㱿貞《こくと》う、帝《てい》惟《こ》れ其《そ》れ茲《こ》の邑《ゆう》を終《お》えしむるか。貞《と》う、帝茲《ていこ》の邑《ゆう》を終《お》えしめざるか。

○丙辰の日に甲骨占卜をして㱿が占った、帝はこの邑を滅ぼすか。占った、帝はこの邑を滅ぼさないか。

一例目では、戦争に際して帝が祐助を授けるかどうかが占われている。また二、三例目は邑（都市）に関する記述であり、前者は都市を造営する際に帝が承諾するかを占っている。後者は帝が邑を終える（滅ぼす）ことの占卜であり、これも帝の権能の大きさを示している。占卜地が記されていないので、文中の「茲《こ》の邑《ゆう》」がどこかは分からないが、もし殷王の居住地で占ったものならば、それは王都である商（大邑商）を指し、王朝の滅亡を意味していることになる。

神話上で神々の頂点に立つ存在は、現代の用語で「主神《しゅしん》」と呼ばれる。一般的に言えば、多神教の古代文明では、支配者が主神を祀ったり、主神との血縁関係を主張したりすることで、自己の権威を高めることが多い。神話上の神々の関係を現実社会に投影することで、支配を容易にするのである。

殷王朝においても同様に、武丁は「帝」を神話上で主神として設定し、その信仰を司ることで、自身の宗教的権威を高めようとしたのであろう。

なお、帝への信仰は周代にも見られ、周の主神である「天《てん》」と融合して「昊天上帝《こうてんじょうてい》」とも呼ばれる。そのため、古い研究では、帝が殷代を通しての主神であったと考えていた。しかし、第5章で述べるように、武丁死後の甲骨文字では帝を崇拝する記述が極端に減少しており、むしろ武丁代のみに限定された主神であったと考えられる。

それでは、なぜ周代にも帝が信仰されたのかというと、周は前述のように軍事圧力によって武丁に服従しており、結果として武丁の

図表32　帝への崇拝（『甲骨文合集』14201。図中の一（一）二（二）三（三）四（亖）は占卜回数を記録したもの、また二告（二告）は卜兆出現時の状況を記したものであり、いずれも占卜の内容ではない）

生前に帝の信仰が周に流入したと推定される。そして、殷で帝への崇拝が衰退した後も、周では信仰が存続し、周王朝になって帝への信仰が再び広まったのであろう。

甲骨占卜の改竄

前章で述べたように、殷王朝で最も重要な宗教儀礼であった甲骨占卜は、事前に「吉」が出るように甲骨に加工が施され、政治的に利用されていた。さらに武丁代には、占卜の操作だけではなく、記録の改竄《かいざん》までもおこなわれていたのである。

次に挙げた甲骨文字は、王（武丁）が将来に起こる事柄を正確に言い当てたとする記述であり、内容が改竄されたと考えられるものである。

・辛未《しんび》卜《ぼく》して𡧊貞《こくと》う、婦妌娩《ふだんべん》し、嘉《よ》きか。王占《おううらな》いみて曰《いわ》く、「其《そ》れ惟《こ》れ庚《こう》に娩《べん》し、嘉《よ》からん」と。三月《さんがつ》。庚戌《こうじゅつ》、娩《べん》し、嘉《よ》けり。

○辛未の日に甲骨占卜をして𡧊が占った、婦妌（女性の名）が出産し、男児が生まれるか。王が占って言った、「庚の日に出産し、男児が生まれるだろう」と。三月〔に占卜をした〕。庚戌の日、出産し、男児であった。（原典は図表33）

これは出産についての占卜であるが、王（武丁）が「庚の日に出産し、嘉《よ》い（男児誕生の意）だろう」と占い、実際に三十九日後の庚戌の日に男児が誕生したという内容である。しかし、一ヶ月以上も先の出産日を正確に予測することは現代ですら難しく、当時において、それが可能だったはずがない。また、超音波検査などがない時代には、新生児の性別を予測することも不可能である。

図表33　占卜記録の改竄（『甲骨文合集』454。図中の一（一）二（二）三（三）は占卜回数の記録）

つまり、この記述は結果を知った上で占卜記録を改竄したものなのである。甲骨文字が彫刻されるのは結果がすべて判明した後であり、そのため占卜から彫刻までの間に記録を改竄することができた。

古代文明においては、支配者には政治的能力だけではなく、神秘的能力も求められることが多い。しかし、実際には支配者も人間であるから、超自然的な能力は持ち得ない。そこで、祭祀儀礼などの行為によって自己に能力があることを人々にアピールしたのであり、甲骨占卜の改竄についても、将来を正確に言い当てたと装うことで、神秘的能力があることを示そうとしたのであろう。

次の例も同様であり、占卜日から数えて十日目の降雨を正確に予言したという内容であるが、気象衛星やスーパーコンピューターを駆使する現在ですら、一週間以上も先の天候を予測することは困難である。これも結果を知った後に記録を改竄したものであろう。

・戊子《ぼし》卜《ぼく》して㱿貞《こくと》う、帝《てい》四月《しがつ》に及《およ》び令《れい》して雨《あめ》ふらしむるか。貞《と》う、帝《てい》其《そ》れ今《いま》四月《しがつ》に及《およ》び令《れい》して雨《あめ》ふらしめざるか。王占《おううらな》いみて曰《いわ》く、「丁《てい》に雨《あめ》ふらん、惟《こ》れ辛《しん》ならざらん」と。旬《じゅん》丁酉《ていゆう》、允《まこと》に雨《あめ》ふれり。

○戊子の日に甲骨占卜をして㱿が占った、帝は四月になって命令して雨をふらせるか。占った、帝はこの四月になって命令して雨をふらせないか。王が占って言った、「丁の日に雨がふるだろう、辛の日ではないだろう」と。十日目の丁酉の日、本当に雨がふった。

より具体的な経緯を推測するならば、はじめは「惟辛（惟《こ》れ辛《しん》ならん）」と占っていたが、実際には辛の日に降らず、丁の日に降ったので、その記録の上に「丁雨不」を加えて「丁雨不惟辛（丁に雨ふらん、惟れ辛ならざらん）」としたのであろう。

武丁は殷王朝を再統一した人物であるが、周辺地域には敵対勢力も多く、また王朝内部にも武丁に反発する人々が少なくなかった。そこで、軍事力だけではなく、帝の主神化や占卜記録の改竄など、信仰を通した支配も活用することで、統一した王朝を維持したのである。

武丁のカリスマ的支配

武丁は、軍事力だけではなく、帝を主神としてそれへの信仰を司るなど、自己の宗教的権威も高めることで支配体制を構築していた。さらに、占卜記録の改竄も併用しており、自身に神秘的能力があることを人々に示すことで王の地位を固めていた。

このような、支配者個人が超人的な能力を持っているという前提でおこなわれる支配体制は、「カリスマ的支配」と呼ばれる。武丁は自身のカリスマ性を高めることで王朝の支配を維持したのである。

そのほか、武丁はみずから軍隊を率いて敵対勢力を攻撃したり、中間地域の領主を「子某」として擬制的な血縁関係を結んだりしていた。王自身が戦功を挙げ、また王と領主との個人的な主従関係を構築したのであり、これらもカリスマ的支配の一環と考えてよいだろう。

現在の我々から見れば、占卜で将来を言い当てたと装うことで神秘性を獲得するなどという方法は、かなり芝居がかっているようにも思われる。しかし、分裂した王朝を再統一し、それを維持するという大事業を成し遂げるためには、そうした役割を演じることが必要だったのかもしれない。

甲骨文字から武丁個人の心情を読み取ることは難しいが、次に挙げるような武丁自身に関する占卜内容では、ほとんど改竄が見られず、また吉凶判断も記されない。武丁以外の人物や王朝に関わる事柄とは性質が異なっており、武丁代の占卜には二面性が見られることが特徴である。

・貞《と》う、王《おう》其《そ》れ目《め》を疾《や》むか。貞《と》う、王《おう》目《め》を疾《や》まざるか。
○占った、王（武丁）は目を病むか。占った、王は目を病まないか。
・庚子《こうし》卜《ぼく》して賓貞《ひんと》う、王白牛《おうはくぎゅう》を夢《ゆめ》みるに、惟《こ》れ禍《わざわい》あるか。
○庚子の日に甲骨占卜をして賓が占った、王は白い牛を夢にみたが、これは禍があるのか。

前者は疾病の占卜であるが、武丁はかなり長命だったため、病気も多かったようで、甲骨文字には目のほか歯や骨、耳や発声などの不調が記されている。後者は夢占いであり、武丁が夢に見たものとして、甲骨文字には白い牛以外にも大きな虎や鬼（死者の霊魂）、軍旗や宝玉など多様なものが記されている。

歴史上の個人の心理を研究することは難しいが、武丁代の甲骨占卜の二面性から言えば、武丁は好んで自身を神秘化したのではなく、王朝を維持するため、あえて必要に応じて自己を演出していたのではないだろうか。

《武丁代の「婦」》

本章で述べたように、甲骨文字に見える「子某」は性質が一様ではなく、親族の男性だけではなく、地方領主に対する呼称も含まれていた。

武丁代の甲骨文字には、子某とともに「婦某」という呼称も見られる。婦某には妊娠や出産の記述が見られることから、当初は武丁の夫人とする説が有力視されていた。しかし、甲骨文字の解読が進められると、子某と同じく婦某も人数が非常に多いことが判明した。その数は九十名以上にのぼり、類似の文字を同一人物としても七十名以上になる。

そのため、婦某についても武丁の夫人に限定せず、子某の夫人も含むとする説が提示された。また婦某には軍事に関連する記述があることから、「婦人将軍」としたり、子某と同様に地方領主に対する呼称とする考え、王室の女性が降嫁した氏族と見なす説もある。

そこで、婦某について統計したのが図表34であり、用例数の上位十名を掲載した。統計の方法は子某と同様とし、また婦某には婦妌《ふせい》（帚井女）と婦井《ふせい》（帚井）のように、女偏《おんなへん》の有

	妊娠出産	軍事行動	甲骨の貢納	地名の用例	用例数	分類
婦好	○	○	○	○	216	夫人／領主
婦妌	○	○	○	○	182	夫人／領主
婦婐	○	－	－	○	36	夫人
婦鼠	○	－	－	－	32	夫人
婦姼	○	－	－	－	15	夫人
婦娘	○	－	○	○	13	降嫁女性？
婦㛸	○	－	－	－	11	夫人
婦𥫴	－	－	○	－	11	降嫁女性
婦妟	－	－	○	○	8	領主
婦喜	○	－	○	○	7	降嫁女性？

図表34　甲骨文字の婦某

無が見られるが、同一のものとして合計した。結論を先に言えば、「子某」と同様に「婦某」にも複数の性質が見られるのである。

この表のうち、判断が容易なものは婦鼠《ふそ》である。婦鼠は妊娠や出産の記述が多いが、軍事や貢納などの行為は記されていないので、婦鼠が女性の呼称であることは明らかである。しかも、甲骨文字には王（武丁）が自身の子を出産するかどうかを占ったものがあるので、婦鼠はその夫人ということになる。

一方、例えば婦《ふ》妟《△》には妊娠や出産の記述がなく、逆に甲骨を貢納した記録や「妟」に地名としての用例がある。したがって、婦妟は地方にいた人物と考えられる。

筆者が婦某の研究を発表したのは子某と同じく二〇〇五年であるが、地方の人物については、例えば周を「婦周《ふしゅう》」と呼ぶ例があり、王（武丁）との主従関係を婚姻関係に擬えた地方領主の用法があることが確認できた。これは子某とよく似た用法である。

ただし、筆者は当時、もうひとつの可能性があることに気づいていなかった。それは何かというと、婚姻は相互におこなわれるため、地方から王やその親族に入嫁する女性だけではなく、王の親族の女性が地方領主に降嫁する場合もあるということである。つまり、地方にいた婦某には、地方領主に対する呼称のほか、降嫁した王の親族女性という用法もあったと考えられるのである。

そこで、あらためて甲骨文字を確認すると、「𧈪の妻《つま》なる婦𥫩《ふ》」という表現が見つかった。𧈪は地方領主の名なので、婦𥫩はそこに嫁いだ王の親族女性と考えられる。

ただし、地方領主とその夫人はいずれも地方に居住したため、文字上で区別することが難しい。例えば、図表34のうち婦娘《ふじょう》は出産の記述があり、また甲骨文字に「良」が地名として見えるので、おそらく王の親族が良の領主に降嫁し、そのため婦娘（娘は女偏に良）と呼ばれたのであろうが、甲骨文字ではまれに配偶男性の名を挙げて出産を占うこともあるので、確実な判断はできない。婦喜《ふき》も同様であり、表中では「？」をつけている。

このように、婦某には三種類の用法が確認されたが、解釈が難しいのが婦好《ふこう》と婦姘であり、妊娠や出産の記述が多く、しかも軍事や貢納などの行動も担当している。

この現象を整合的に解釈しようとすれば、地方領主に対する呼称の「婦某」と、王都にいた女性である「婦某」との両者があったと考えなければならない。例えば婦好であれば、好の領主が「婦好」と称され、またその親族女性が王の夫人になったため、それも「婦好」と呼ばれたのである。実際に、甲骨文字には領主である婦好の本拠であろう「好邑《こうゆう》」が見え、また殷墟遺跡からは王の夫人である婦好の墓（出土した金文に名が記載）が発見されている。

なお、婦好と婦妌が軍事を担当していることについて、前述のように「婦人将軍（王の夫人が将軍になったという解釈）」と見なす学説もあった。しかし、次に挙げた人員徴発を担当する記述からは、王都に居住した女性の行動とは考えられないのである。

・辛巳《しんし》卜《ぼく》して…貞《と》う、婦好《ふこう》の三千《さんぜん》を登《とう》し、旅《りょ》の万《まん》を登《とう》し、呼《よ》びて…を伐《う》たしめんか。

○辛巳の日に甲骨占卜をして…が占った、婦好の三千人を徴発し、軍隊の一万人を徴発し、呼んで…を攻撃させようか。

この例では王が一万人の旅（軍隊）を徴発しているが、通常は多くとも五千人（第2章参照）であるから、その二倍の数字である。武丁がこれほど多くの人員徴発をおこなったのは、現存の資料ではこの一回だけである。

それに加えて、王都にいた女性が三千人もの人員を独自に集められたとは考えられないので、三千人については領主としての婦好（すなわち王の夫人である婦好の出身地の領主）が地方での人員徴発を担当したと考えなければならない。当然、軍隊を率いたのも地方領主の婦好であろう。

なお、婦某のうち地方領主の用法については、周や井など遠方にあった大勢力に対して用いられることがあるので、子某が王畿に近い小領主であったことと比較すると、おそらく地理的な遠近を「子（同族）」と「婦（異族）」として区分したと推定される。

ところで話は変わるが、武丁の夫人は何人いたのだろうか。正確な人数は不明であるが、前述のように婦鼠は確実であり、また婦好と婦姘も例数が多いので武丁の夫人と考えて間違いない。また、婦鼠より例数が若干多い婦婐《ふか》についても、武丁の夫人である可能性が高い。果には地名としての用例があるが、婦婐には貢納などの記述がなく、婦婐は果出身の女性だが果の領主は婦の称号では呼ばれなかったと考えられる。そのほかにも婦娘《ふ△》や婦妓などに出産の記述があり、武丁の側室が含まれているかもしれない。

武丁の夫人に関連して、甲骨文字には次のような記述もある。

・貞《と》う、惟《こ》れ龏司《きょうし》婦好《ふこう》に壱《たた》るか。惟《こ》れ龏司《きょうし》婦好《ふこう》に壱《たた》らざるか。
○占った、龏司（正室）は婦好に祟るか。龏司は婦好に祟らないか。

殷代には王の夫人が「司《し》」と呼ばれたが、殷末の金文によれば夫人の中でも「龏司《きょうし》（または龏）」の身分が高いとされており、おそらく正室を指している。武丁代の甲骨文字で最も用例が多いのは婦好であるが、ここに挙げた甲骨文字から、彼女は側室だったことが分かる。要するに、「早くに死んだ正室が最も寵愛《ちょうあい》を受けている側室に祟る」という構図が想定されていたのである。

なお、甲骨文字で二番目に用例が多いのは婦妌であるが、その出身地であろう井は、武丁に反抗して「井方《せいほう》」と呼ばれており、それは武丁死後まで続いた。もし婦妌が王の正室であったならば、婦妌が死去した後に婦好が寵愛され、そのため井の領主（これも当初は婦妌または婦井と呼称された）が権力の中枢から排除され、そして反乱を起こして井方と呼ばれたという経緯が推定される。

第5章　政治の転換と安定期の到来——紀元前十二世紀

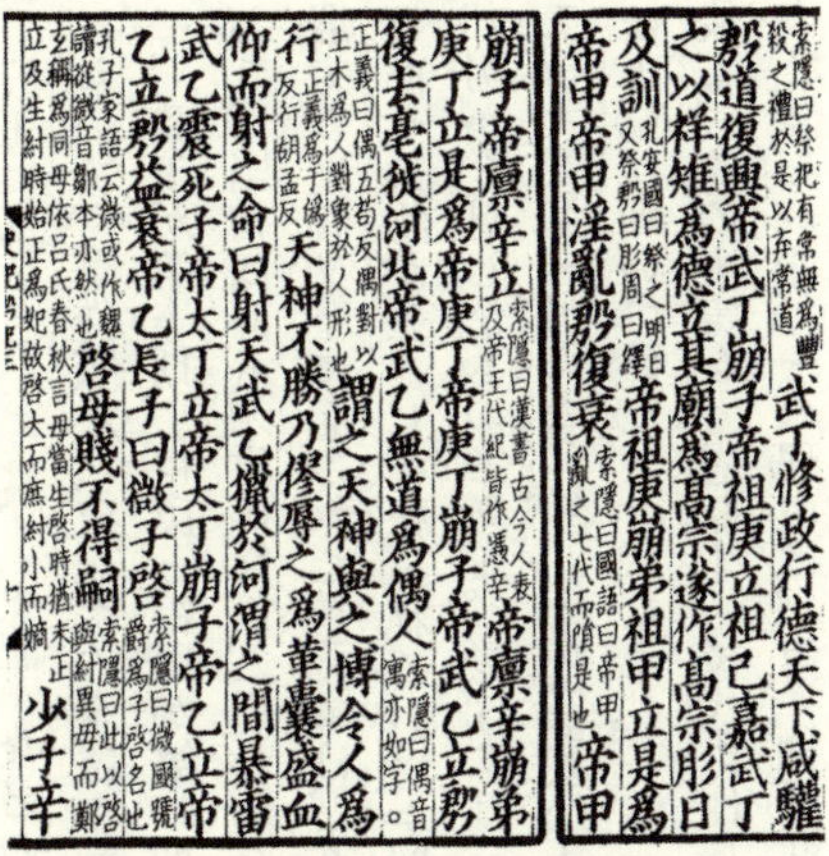
索隱曰祭祀有常無爲豐殺之禮於是以弃常道武丁修政行德天下咸驩殷道復興帝武丁崩子帝祖庚立祖己嘉武丁之以祥雉爲德立其廟爲高宗遂作高宗肜日及訓孔安國曰祭之明日又祭殷曰肜周曰繹帝祖庚崩弟祖甲立是爲帝甲帝甲淫亂殷復衰索隱曰國語曰帝甲亂之七代而隕是也帝甲崩子帝廩辛立索隱曰漢書古今人表及帝王代紀皆作馮辛帝廩辛崩弟庚丁立是爲帝庚丁帝庚丁崩子帝武乙立殷復去亳徙河北帝武乙無道爲偶人索隱曰偶音寓亦如字。正義曰偶五苟反偶對以土木爲人對象於人形也謂之天神與之博令人爲行正義爲于偽反行胡孟反天神不勝乃僇辱之爲革囊盛血仰而射之命曰射天武乙獵於河渭之間暴雷武乙震死子帝太丁立帝太丁崩子帝乙立帝乙立殷益衰帝乙長子曰微子啓索隱曰微國號爵爲子啓名也孔子家語云微或作魏讀從微音鄭本亦然也啓母賤不得嗣索隱曰此以啓與紂異母而鄭玄稱爲同母依呂氏春秋言母當生啓時猶未正立及生紂時始正爲妃故啓大而庶紂小而嫡少子辛

『史記三家註』殷本紀の一部（『四部叢刊』所収）

王位継承者は誰か

武丁の死後、殷王に即位したのは、『史記』などの文献資料によれば祖庚《そこう》という王である。一九三〇年代において、董作賓が『史記』の系譜を元に甲骨文字を五期に区分したが、図表35のAのように、武丁が第一期、祖庚と祖甲が第二期というように、甲骨文字と系譜が隙間なく対応しており、当初は何も矛盾がないと思われた。

ところが、殷末の甲骨文字に記された祭祀では、武丁(21)より後、かつ祖庚(23)・祖甲(24)より前に、祖己《そき》(22)という人物が王として祀られていた(図表35のBを参照)。これは、一九五〇年代に日本で島邦男が発見したものである。後代には、祖己が王位に即かなかったとする伝説が形成され、『荀子《じゅんし》』や『呂氏春秋《りょししゅんじゅう》』に祖己が武丁に疎まれたとする記述が見られるが、実際には祖己は王位に即いていたことになる。

しかしその後も、この事実を考慮せず、後代に作られた『史記』などの系譜を鵜呑みにしている研究が多く見られる。その理由は、第一期が武丁、第二期が祖庚・祖甲であるため、祖己を王と認めると、その時代に該当する甲骨文字がなくなってしまうという問題が発生するからであろう。甲骨占卜は殷王朝で最も重要な儀礼であり、表面上は政策を決定する手段であるから、空白期間が出現するのは不自然である。

　こうしたわけで、島邦男の発見はあまり顧みられなかった。しかし、その後の中国において、甲骨文字の字体が詳しく分析された結果、董作賓が「第四期」とした甲骨文字は、実は第一期と第二期の間に入ることが明らかにされた。これは一九七〇年代に李学勤《りがくきん》が提唱し、

A董作賓による時期区分（陳夢家が一部を修正）

武丁①—祖庚②
　　　└祖甲②—廩辛③
　　　　　　　└康丁③—武乙④—文武丁④—帝乙⑤—帝辛⑤

B甲骨文字の祭祀系譜（島邦男による）

武丁(21)—祖己(22)
　　　　├祖庚(23)
　　　　└祖甲(24)—康丁(25)—武乙(26)—文武丁(27)—……

図表35　先行研究における殷代後期の系譜（丸数字は時期。カッコ内の数字は殷末の祭祀順）

一九八〇年代以降に林澐《りんうん》・黄天樹《こうてんじゅ》・彭裕商《ほうゆうしょう》らによって証明されたことである。

ただし、中国では文献資料の権威が強く残っているため、『史記』の系譜が無批判に肯定され、その結果、旧「第四期」を「武丁末期から祖庚初期」とするような解釈をしている。

しかし、島邦男による祭祀系譜の研究と照らし合わせれば、旧「第四期」は第一期（武丁）と第二期（祖庚・祖甲）の間に作られたものであるから、祖己の時代のものであることが容易に導かれる。

また、これは筆者の調査であるが、「第四期」とされた甲骨文字には直系合祀が多く見られるものの、次に挙げたように、いずれも小乙(20)（后祖乙《こうそいつ》とも）・武丁(21)（父丁《ふてい》）までしか下らないことが判明した。

・乙丑《いっちゅう》、八月《はちがつ》に在《あ》り、酒《しゅ》し、大乙《たいいつ》に牛三《ぎゅうさん》、祖乙《そいつ》に牛三《ぎゅうさん》、小乙《しょういつ》に牛三《ぎゅうさん》、父丁《ふてい》に牛三《ぎゅうさん》もちいんか。

○乙丑の日〔に占った〕、八月に、酒を捧げる儀礼をし、大乙に牛三頭、祖乙に牛三頭、小乙に牛三頭、父丁に牛三頭をもちいようか。

・庚午《こうご》貞《と》う、王其《おうそ》れ弋《よく》するに、祖乙《そいつ》より后祖乙《こうそいつ》・父丁《ふてい》に告《つ》げんか。

○庚午の日に占った、王が弋（祭祀名）する際に、祖乙から后祖乙・父丁に告げようか。

•…大乙《たいいつ》・大丁《たいてい》・大甲《たいこう》・祖乙《そいつ》・小乙《しょういつ》・父丁《ふてい》…。
○…大乙・大丁・大甲・祖乙・小乙・父丁…。

もし本当に「第四期」に作られたものであれば、祭祀は康丁《こうてい》㉕や武乙《ぶいつ》㉖（前掲の図表35参照）まで下るはずであるから、これも「第四期」の甲骨文字が実際には武丁の子の輩行による作成であることを示している。

ところで、本来は比較的早い段階で作られた甲骨文字が、なぜ二つもの時期（第二期・第三期）を飛ばして「第四期」に置かれてしまったのだろうか。それは、甲骨文字の年代特定の方法に原因があった。

董作賓は、甲骨文字の時期区分をする際に、系譜・祖先呼称・人名・字体・記載された出来事など、十個の指標を用いた。このうち、作成年代を確実に特定できる指標は系譜と祖先呼称だけであり、それ以外は、同じ時期のものをグルーピングするために主に用いられた。つまり、多くの指標によってグループ分けされた甲骨文字を、系譜と祖先呼称によって前後関係を決定するという手順なのである。

そして、董作賓は「第四期」の作成年代を特定する際に、系譜に関係する用語である「二《に》十示《じっし》（𠄠丅）」を重視した。「示」とは祭祀対象の祖先を数える助数詞であるが、「第四期」

の甲骨文字では、五示や十示など対象の数が少ないものは直系に限定されている。そのため、董作賓は二十示も直系合祀と考え、それが上甲から武乙までの直系の数に一致する（22頁の図表5と前掲の図表35を参照）ことから、文武丁《ぶんぶてい》(27)の時代の用語としたのである。

しかし、甲骨文字には次のような例があり、「示」は必ずしも直系祖先だけを数える助数詞ではないことが分かる。

・丁亥卜《ていがいぼく》す、侑《ゆう》するに、二示《にし》なる父丙《ふへい》・父戊《ふぼう》に歳《さい》せんか。

○丁亥の日に甲骨占卜をした、祭祀をするが、二名の祖先である父丙・父戊に鉞で犠牲を殺す儀礼をしようか。

この場合は「父」が類別呼称であるが、二人の「父」のうち少なくとも一方は実父ではなく、父の兄弟や従兄弟を指しているはずである。

したがって、二十示についても、傍系の王が含まれているとすれば祖己の時代でも数字に問題はなくなる。「第四期」とされた甲骨文字では、上甲から武丁まで合計二十名以上の先王が祭祀されているのである。

また、「第四期」の甲骨文字に見える祖先呼称に「父乙」と「父丁」があるが、「第四期」

説では父乙を武乙、父丁を康丁に比定でき、「武丁末~祖庚初」説でも父乙を小乙、父丁を武丁と見なすことができるので、この点でも長期間にわたって不毛な議論が続けられた。

　これも筆者の研究であるが、実は「父乙」の方は殷王ではない人物であり（本章末尾のコラムを参照）、作成年代を明らかにするためには父丁がどの王かを特定するだけでよかったのである（前述のように小乙に続く王なので武丁であることが明らかである）。

殷代後期の系譜

　ここまでに述べたように、祖己は『史記』などの文献資料では王とされていないが、甲骨文字によれば実際には王位に即いており、しかも「第四期」とされていた甲骨文字が祖己代に作られたものであった。

　その結果、祖己代の甲骨文字の不在という問題は解消されたが、その代わり、従来の「第四期」が甲骨文字の空白期になってしまうという新たな問題が生じる。そこで、殷代後期の系譜と甲骨文字の時期区分について確認をしておきたい。

　文献資料では盤庚(18)が殷代後期の都に遷都したとするが、第1章で述べたように、実際には武丁(21)以後が殷代後期である。また、前述のように祖己(22)は実在の王として認められるが、一方、『史記』などに記された殷代後期の系譜のうち、廩辛《りんしん》と帝乙《ていいつ》は甲骨文字に祭祀が全く見られない。これも一九五〇年代に島邦男が発見したものであり、この二名は実在の王とは考えられない（前掲の図表35を参照）。

『史記』は殷代後期の王として盤庚・小辛・小乙・武丁・祖庚・祖甲・廩辛・康丁・武乙・太丁（文武丁の誤記）・帝乙・帝辛の合計十二名を挙げるが、実際には盤庚・小辛・小乙は殷代中期に属し、廩辛・帝乙が実在の王ではなく、それに代わり祖己が系譜に追加されるので、殷代後期の王は合計八名ということになる。

なお、殷墟遺跡からは巨大な墓が多数発見されているが、『史記』の記述とつじつまを合わせるため、かつてはすべて殷王のものと見なしていた。しかし、当初は大墓が十二基しか発見されていなかったが、その後、もう一基が見つかったため、数の上でも矛盾が生じてしまったのである。

実際には、大墓が密集する区画だけが殷王のものであり、図表36のように合計八基が発見されている。どの墓がどの王のものかは確定していないが、一〇〇一号墓が最も古いことは確実視されており、したがって殷代後期の最初の王である武丁の墓にあたる。また、造営途中で放棄された一五六七号墓は、最後の王である帝辛のものであろう。

「第四期」が空白期になるという問題について、殷代後期の八名の王のうち、従来は武乙と文武丁を「第四期」としていたが、第三期の甲骨文字に次のような記述が見られる。

・癸巳《きし》卜《ぼく》して貞《と》う、祖甲《そこう》に翌日《よくじつ》し、其《そ》れ宰を歳《さい》せんか。
○癸巳の日に甲骨占卜をして貞が占った、祖甲に翌日（祭祀名）し、宰（羊と豚のセット）を鉞で犠牲を殺す儀礼に供しようか。

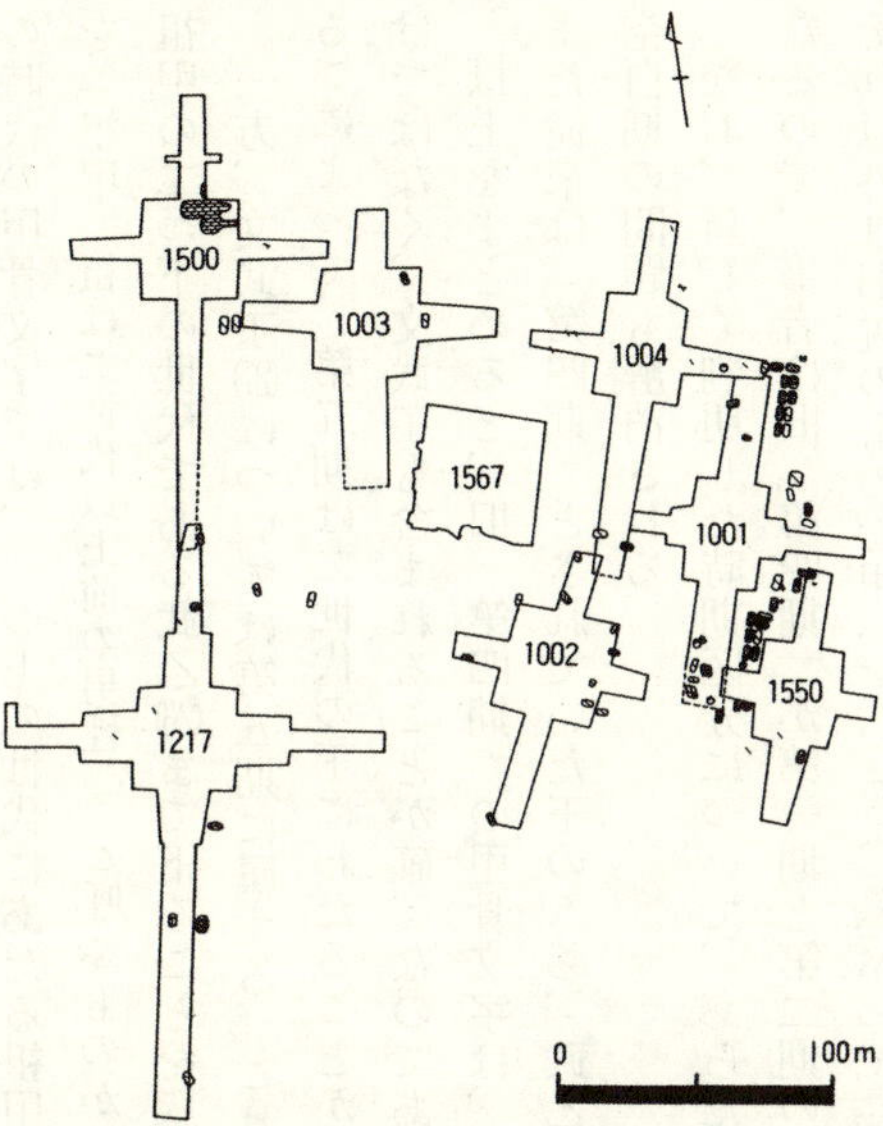

図表36　殷代後期の王墓（李済著・国分直一訳『安陽発掘』）

・…卜《ぼく》す、祖甲《そこう》に劦日《きょうじつ》し、羌《きょう》…を䄍せんか。
○…甲骨占卜をした、祖甲に劦日（祭祀名）し、羌…を䄍（儀礼名）に供しようか。

甲骨文字では、「翌日《よくじつ》」や「劦日《きょうじつ》」は先王に限定された祭祀なので、文中の「祖甲」は一般的な祖先の呼称ではなく、殷王の祖甲に対してのものであると判断できる。そして、康丁(25)

の時代の甲骨文字では、一つ上の世代にあたる祖甲(24)は「父甲《ふこう》」と呼ばれているので、祖甲を「祖甲(祖は二世代以上前の男性)」と呼ぶものがあることは、第三期が康丁だけではなく、祖甲の二つ下の世代である武乙(26)まで下ることを意味する。

一方、文武丁(27)については第五期に属する。これは、殷末の暦《こよみ》の復元作業(第6章で述べる)によって、第五期は二世代の王にわたることが判明するので、最後の王である帝辛(28)だけではなく、文武丁も含まれることが確実なのである。

以上をまとめると、旧「第四期」の甲骨文字は、実際には祖己代に作られたものであり、また従来は「第四期」とされていた王のうち、武乙は第三期、文武丁は第五期に属するので、空白期の問題も解消される。

なお、新しく判明した時期区分について、あらためて順番で呼称すると旧説と紛らわしくなるので、筆者は旧「第四期」が第一期と第二期の間にあることから「一二間期《いちにかんき》」と呼び、それ以外は旧説のものを用いている(したがって「第四期」は欠番となる)。これでようやく殷代後期の系譜と甲骨文字の時期区分が整ったのである。

それを図表37に掲載した。カッコ内の数字はこれまでと同様に殷末の祭祀順であり、便宜上、最後の王である帝辛にも番号を付した。また、丸数字は甲骨文字の時期を表示しており、「⑫」は一二間期の意味である。

ただし、この系譜にも検証しなければならない問題がふたつある。ひとつは周における「帝乙」の記述であり、「帝乙」またはそれに該当する祖先呼称は、甲骨文字には全く見られないが、周の資料には早くから出現しており、金文三点（うち一点は近代の偽作だが、二点は西周初期の製作）と周が作った甲骨文字一点に「文武帝乙《ぶんぶていいつ》」が見られる。

この問題については、関連する資料が少ないので正確な経緯を復元することは難しいが、筆者は次のように考えている。

周は帝辛を滅ぼして新たな王朝を樹立したため、帝辛を悪く評価したが、一方で殷の人々を支配下に置いたので、殷の先王すべてを悪く言うことはできなかった。しかし、もし帝辛以前のいずれかの殷王を正統視すれば、その子孫が王朝の継承権を主張する可能性もある。そこで、帝辛の前、かつ文武丁の後に「帝乙（文武帝乙）」という架空の王を挿入し、それを「正統な王」と見なすことで、殷王の子孫に権益が発生することを防いだのであろう。

図表37　殷代後期の実際の系譜と甲骨文字の時期区分（落合淳思『殷王世系研究』および『殷代史研究』による。⑫は一二間期）

この推定に対応して、春秋戦国時代に編纂された『尚書』では、酒誥《しゅこう》篇や多士《たし》篇などで「成湯より帝乙に至るまで」を徳のある王として評価している。

なお、文献資料で帝乙の子孫とされているのは宋という諸侯であるが、これも二次的に改編された系譜であり、周王朝としても都合のよい操作だったと考えられる（詳しくは第1章末尾のコラムを参照）。

もうひとつの問題は、第三期の康丁代の甲骨文字に、次の文章が存在することである。

・…小王父己《しょうおうふき》（上部欠損）

「父己」は康丁代において祖己を指す呼称であることから、この記述を元にして、祖己は「小王（王に次ぐ地位の人物）」であって「王」ではなかったとする説がある。しかし、甲骨文字には親族呼称に称号を付す慣習が見られないのであり、「小王父己」についても「小王である父己」ではなく、「小王と父己」の二名と判断しなければならない。

ちなみに、この小王がどのような人物かというと、同時期の甲骨文字では先王のほかに「中己《ちゅうき》」が多く祀られており、これが小王であると考えられる。中己は王位に即いていない人物であるが、王朝にとって重要な存在だったようであり、次のように父己（祖己）や父庚

（祖庚）と合祀された例もある。

・父己《ふき》・中己《ちゅうき》・父庚《ふこう》に叀《こ》れ……（下部欠損）

なお、第五期には先王や先妣《せんぴ》（先王の配偶）を即位順に祀る「周祭《しゅうさい》」がおこなわれており、そこでは祖己は祀られているが、伊尹・咸戊（第1章参照）や中己などは祀られていない。もし祖己が即位せず、臣下の地位で死去したならば、同様に周祭では祀られないはずなので、ここからも祖己が王位に即いていたことが分かるのである。

対外政策の変化

武丁は、当時としてはかなり長命であり、紀元前十三世紀の半ばから約半世紀にわたって王として君臨したと推定される。そして、その後を継いだ祖己（一二間期）および祖庚・祖甲（第二期）の時代は、紀元前十二世紀の初期から中期にあたる。

武丁は軍事力によって敵対勢力を排除したが、すべてを倒したわけではなかった。例えば、𢀛方や蒙方などは武丁の死後の甲骨文字には見られなくなるが、危方や人方などは後に再び敵対勢力として出現する（第6章で述べる）。

しかし、祖己の時代には対外戦争が減っており、一二間期の甲骨文字では、第一期に比べて戦闘の記述がきわめて少なくなっている。したがって、祖己の時代にも敵対勢力は残っていたものの、祖己は平和的な外交政策を採用したということになる。

なお、敵対勢力との交渉は甲骨占卜の対象にならないため、どのような条件で停戦したのかは分からない。武丁による軍事攻撃が異文化圏の人々の譲歩を引き出したのかもしれないし、王朝側が何らかの交換条件を提示したのかもしれない。あるいは外交工作によって敵同士の協力関係を絶ち切ったということも考えられる。

いずれにせよ、祖己は戦争を少なくすることに成功したのであり、これが王朝経営の安定化をもたらした。祖己の政策はその後も継承され、後述するように、次の祖庚・祖甲の時代には安定期が到来する。

戦争の減少に伴い、一二間期の甲骨文字では祭祀における人牲の記述も少なくなっている。第3章で述べたように、殷代には余剰の奴隷を祭祀犠牲としており、その供給源が戦争捕虜だったので、戦争の減少は必然的に人牲の減少をもたらしたのであろう。

祖己の時代における最大の戦争は、異文化圏との紛争ではなく、召《しょう》という都市の反乱であった。召（）はもと殷の支持勢力であり、武丁代の甲骨文字では召の領主が「西《せい》使《し》召《しょう》」と呼ばれている。「使（）」は使者を意味するので、召の領主は西方の外交を担当していたよ

うである。

しかし、召は一二間期に反乱を起こしており、次のように「召方《しょうほう》（）」と呼ばれた。反乱に至る詳しい経緯は不明であるが、祖己は武丁代の外交方針を転換して平和政策を採用したため、武丁代に外交を担当していた召の領主がそれに反発したのかもしれない。

・己亥歴貞《きがいれきと》う、三族《さんぞく》に王其《おうそ》れ令《れい》して召方《しょうほう》を追《お》わしめ、旹に及《およ》ぶか。

○己亥の日に歴が占った、三族（王の軍隊全体を指す）に王が命令して召方を追わせ、旹（地名）で追いつくか。

・丁丑貞《ていちゅうと》う、王𠂤《おう》に令《れい》して衆《しゅう》を以《ひき》いしめ、召《しょう》を捍伐《そうばつ》せしむるに、祐《ゆう》を受《う》くるか。

○丁丑の日に占った、王は𠂤に命令して人々を率いさせ、召を武力攻撃させるが、神の祐助を得られるか。

・己酉卜《きゆうぼく》す、召方《しょうほう》来《き》たりて父丁《ふてい》に告《つ》ぐるか。

○己酉の日に占卜した、召方が来朝して父丁（武丁）に告げるか。

一例目の甲骨文字は、王である祖己に反抗して逃亡した召の領主について、それを捕らえることを占っている。ただし、この軍事作戦は失敗したようであり、戦争は長期化した。二例目は、祖己が武丁代以来の有力者である阜に命令し、人々を率いて召を攻撃させることの占卜である。

そして、三例目では召の領主が王都に出頭し、先代の武丁に報告することが占われている。おそらく、最終的な解決案として王都で服従を表明することが決められたが、召の領主の顔も立てるため、祖己に対する降服ではなく、武丁に報告するという形式をとったのであろう。

その後、召は再び殷の支配下に入ったようであり、殷末の甲骨文字には〓《しょう》（〓）という都市で王が軍事訓練をおこなったことが記されている。〓の異体字に〓（〓）があり、この文字は西周金文でも召の意味に用いられているので、〓についても召を指す文字であろう。

殷末の王は、召（〓）で盛んに軍事訓練をおこない、しかも甲骨文字によれば一日で王都から「往来（往復）」している。つまり、召は王都近傍の都市だったのである。戦争において、ひとつの都市が単独で王朝に対抗できたとは考えにくく、別の勢力が荷担した可能性もあるが、甲骨文字は王の側が作った資料であるため反乱側の詳しい内情は記録されていない。

狩猟の政治利用

祖己の時代には戦争が減少したため、甲骨文字では地方領主への関心も低くなっている。また、王との擬制的関係として地方領主を「子」「婦」で呼ぶ例も極端に減少しており、これは後述するカリスマ的支配からの転換を示すひとつの材料である。

一方、甲骨文字では王畿内部の情報が豊富になっており、特に大きな変化があったのは狩猟である。王による狩猟は軍隊を動員しておこなわれており、ただの遊楽ではなく軍事訓練の側面があった。しかも、祖己代（二間期）になると、王が都に近い都市において定期的に狩猟をするようになる。これは武丁代（第一期）にはほとんど見られなかったことであり、狩猟が持つ政治的役割の変質を示している。

武丁代には、狩猟を王の特権とする意識が弱く、むしろ甲骨文字には王が臣下に狩猟を許可する例が多く見られ、臣下への利益分配という手段に用いていたようだ。また、王が狩猟をおこなう場合でも、支配下の都市に出向く例は少ないので、王都のごく近くで狩猟をしたようである。

これに対し、祖己代の甲骨文字では、臣下に狩猟を認める例がきわめて少なくなり、それに代わって王による狩猟が増加する。しかも、王都近傍の都市に定期的に出向き、その周辺で狩猟をするようになる。つまり、祖己は狩猟を王の特権とし、王が軍隊を率いて支配下の都市に行くことで、王が持つ軍事力を人々に誇示し、同時に支配下の都市やその周辺を視察したのである。

視察について、祖己代の甲骨文字には詳しい記述がないが、康丁・武乙代（第三期）には、

図表38　王による狩猟と視察（『甲骨文合集』28628）

次のような記述がある。

・翌日辛《よくじつしん》、王《おう》其《そ》れ省《しょう》し芸《げい》に田《でん》するに、入《い》りて雨《あめ》ふらざるか。

○次の辛の日、王は視察し芸（地名）で狩猟をするが、〔現地に〕入って雨がふらないか。（原典は図表38）

・…盂《う》に田《でん》するに、先《さき》んじて省《しょう》し、迺《すなわ》ち宮《きゅう》を従《したが》えて入《い》るに、湄日《びじつ》災《わざわ》い亡《な》きか。

○…盂（地名）で狩猟をする際に、先んじて視察し、そして宮（ここでは宮の領主を指す）を従えて入るが、終日災いがないか。

前者は芸《げい》という都市で田（狩猟）を挙行する際に、同時に省（視察）をすることが述べられている。当時は、狩猟において王や貴族は馬車（戦車）に乗って軍隊を指揮したため、悪天候では実施が難しかったようであり、占卜の直接の対象は雨が降るかどうかである。

後者の例も同様であり、盂《う》という都市で狩猟をする前に視察をすることが記されている。

この例では、盂と同じく王都近傍の都市であった宮《きゅう》の領主を同伴しており、盂だけではなく宮の領主にも王の軍事力を示したのであろう。

第２章でも少し触れたが、祖己代以降の狩猟は、都から一日で往復できる範囲（殷王朝の王畿）で定期的におこなわれるようになる。芸・盂・宮などはそうした王畿内部の都市であり、殷王は狩猟を頻繁におこない、軍事訓練をするだけではなく、人々に軍事力を誇示し、さらに視察を兼ねることで王畿の支配を強めたのである。

なお、こうした新しい狩猟の形態は、どのような経緯で祖己が発案したのかは分からない。前述のように、祖己代に反乱を起こした召は王都に近い都市だったので、あるいはそれが契機になったのかもしれない。

一二間期以降、旬（十日間）のうち四日が狩猟日にあてられるようになる。悪天候などの場合には中止になったので、すべての日程でおこなわれたわけではないが、それでも四日の日程のうち三分の二程度（十日間のうち二～三日）で実施されたと推定されており、殷の支配体制において、狩猟が重要な役割を果たすようになったことを示している。

信仰と祭祀の変化

祖己の時代には、対外政策や王畿の支配体制だけではなく、甲骨占卜や神への祭祀などの信仰面でも変化が見られる。

まず甲骨占卜であるが、卜兆の操作は継続しておこなわれており、しかも加工技術が向上している。武丁代には加工技術が未熟だったようで、吉兆が出るまで何回も占卜することがあり、多いときには八回あるいは十回と続けて同一事項を占っている。それが祖己代以降になると三回程度にまで減っており、「吉」を出す技術が向上したことを示している。

ただし、武丁代とは違って吉凶判断の内容が改竄（第4章参照）されることはなくなった。さらに、祖己代以降の甲骨文字では、王の吉凶判断が詳しく記されること自体がほとんど見られなくなる。これは甲骨占卜の内容の変化が関係しており、出産日や敵襲のような不確定要素が多いものは、占卜そのものが実行されなくなったため、結果として、吉か否かで判断できる内容になったのである。

武丁代の甲骨占卜は、操作と改竄が併用されていた。殷の側が敵対勢力を攻めたり、あるいは王が神に対して犠牲を捧げたりするような能動的な行動については、占卜を操作して「吉」を出すことで自己の政策を正当化していた。また、出産の日付や敵の襲来のような受動的な内容の場合には、占卜の記録を改竄することで吉凶判断が正解したことを装い、自己の神秘性を高めていた。

こうした占卜の政治利用のうち、祖己代には主に前者だけが使用され、後者は使われなくなったのである。祖己の意図は、王自身の神秘化によるカリスマ的支配からの脱却と見ることができるだろう。

祖己代には、王朝の信仰にも変化があった。自然神については、祭祀対象となる神の種類が少なくなっており、東母・西母・娥などは祖己代やそれ以降の甲骨文字には全く見られなくなる。もちろん、これらの神への信仰が消滅してしまったわけではなく、王が祭祀を主宰しなくなったことを意味する現象である。河・岳・土・王亥などについては、祭祀の対象としては残っているが、甲骨文字の記述は減少しており、これも祖己が自然神の祭祀を重視しなくなったことを示している。

それに代わって祭祀の比率が増加したのが祖先神であり、特に先王の祭祀が多くなっている。祖己は原始信仰を弱めて祖先崇拝を重視したのであり、先王に対する祭祀儀礼によって宗教的権威を構築することを志向したのである。

また、第1章で述べたように殷代中期は分裂期だったため、武丁代には中期の王に対して直系が明示できない状況であったが、祖己は祖辛・祖丁・小乙を正式に直系とし、直系合祀の対象にした。

祖己代の甲骨文字には、自然神を殷王の系譜に取り込むという試みも見られ、次のように河や王亥などを「高祖（高且）」と呼ぶものがある。高祖は「遠い祖先」の意味であり、自然神を系譜に取り込むことで、すべての神を祖先神として扱おうとしたのであろう。

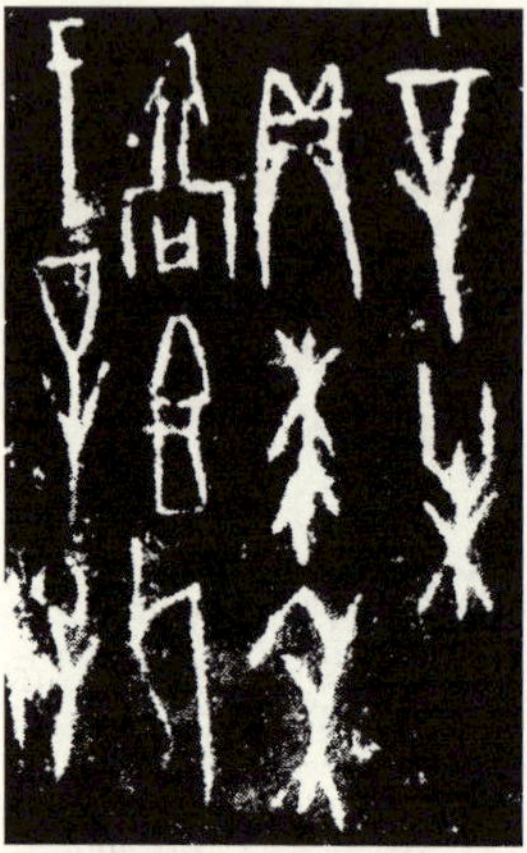

図表39　河を「高祖」とする記述（『甲骨文合集』32028）

・辛未貞《しんびと》う、禾《か》を高祖河《こうそか》に求《もと》むるに、辛巳《しんし》に于《お》いてせんか。

○辛未の日に占った、穀物の実りを高祖である河に求めるのは、辛巳の日にしようか。（原典は図表39）

・乙巳貞《いっしと》う、大《おお》いに禦《ぎょ》するに、高祖王亥《こうそおうがい》に陟《ちょく》せんか。

○乙巳の日に占った、盛大に守護を祈る祭祀をするが、高祖である王亥に供物をのぼせようか。

祖己代の甲骨文字は、それまで主神とされていた帝への信仰が僅かしか見られなくなっていることも特徴である。武丁代の甲骨文字では、帝は戦争における祐助や都市の存滅など多様な権能を持つものとされ、しかも自然神や祖先神の上位の存在と見なされていた。武丁は帝を主神とし、その信仰を司ることを支配において利用していたのである。

しかし、祖先神への祭祀儀礼を重視した祖己にとっては、帝の存在は不要であり、むしろ祖先神の上位に置かれたという点では不都合だったのだろう。武丁代の甲骨文字には帝を崇拝する記述が約二百例もあるが、祖己代にはそれが十例に満たなくなっている。

このように、祖己代には信仰や祭祀の面でも大きな変化が見られ、物理的な支配と精神的な支配の両面で転換がおこなわれたのである。

安定期の到来

武丁の後を継いだ祖己は、対外的には平和政策を採用し、戦争を減少させた。また王朝の内部では、王都近傍で定期的に狩猟を実行し、王畿を強く支配することを試みた。信仰の面では、占卜の改竄や帝への崇拝を停止し、また原始的な自然神信仰を弱めて祖先への祭祀儀礼を中心にした。

おおまかに言って、祖己の政治は、王個人の能力やカリスマ性に頼らず、支配体制を機構化したということになる。なぜ祖己は、武丁の手法を継承せず、政治を転換したのだろうか。祖己個人の考えについては、甲骨文字や考古資料からは分からないが、王朝のシステムとして見た場合、両者にはそれぞれ長所と短所がある。

武丁がおこなったカリスマ的支配は、王が強力なリーダーシップを発揮できるので、王朝を再統一し、それを維持するにあたっては合理的な方法だったと言える。しかし、カリスマ的支配は王個人の能力に頼るところが大きく、王朝が何代も続くうちに政治能力の低い王が出現すると一挙に破綻する恐れがあり、必ずしも安定した体制ではない。

一方、機構的な支配体制の場合には、王個人の裁量権は小さくなるが、定型化された政治を継続するので、安定して王朝を経営するためには有効な手段となる。祖己が自身の政治能力やカリスマ性の不足を感じていたのか、それとも長期にわたる王朝の安定性を重視して支配体制を機構化したのかは分からないが、武丁によって王朝が再統一され、また敵対勢力が弱められていた状況においては、判断が正しかったと言えるだろう。

実際に、祖己の政治方針はその死後も継承され、祖庚・祖甲の時代（第二期）には殷王朝の安定期が到来する。第二期の甲骨文字は戦争の記述数がごく僅かであり、合計しても二十例ほどである。第一期（武丁代）ではそれが二千例を超えることと比較すれば、第二期にはいかに平和な時代になったかが分かるだろう。同時に、祭祀における人牲もさらに少なくなっており、これも戦争の減少に対応している。

また、祖己が始めた王畿における定期的な狩猟も第二期に継承されており、支配下の都市で軍事訓練や視察を兼ねて狩猟がおこなわれている。

信仰の面でも、第二期には占卜記録の改竄がごく僅かしか見られず、武丁代のように占卜の正解を装って王を神秘化するという手法は復活していない。祖先神の重視も第二期に継承されており、しかも自然神を「高祖」とすることすら放棄されている。当然、帝への信仰もほとんど見られない。

このように、一二間期（祖己代）に始められた支配体制の機構化は、軍事面だけではなく祭祀や信仰の面でも継承され、第二期（祖庚・祖甲代）は殷代後期で最も安定した時代となったのである。

《二系統の甲骨文字の謎》

世襲制の王朝においては、前王の制度が死後も踏襲されることが多く、政治体制の大きな転換は難しい場合が多い。しかし、本章で述べたように、祖己の時代には政治の大幅な路線変更があった。祖己がそれを成功させた理由として、出自が原因の一つにあったと筆者は考えており、その手がかりになるのは二系統の甲骨文字である。

少し込み入った内容になり、また長い話になるが、ここでは甲骨文字の系統とその政治的な関係について述べたい。なお、ここを読まなくても次章以降の内容を理解する妨げにはならないので、読み飛ばしていただいても構わない。

甲骨文字は、字体の研究によって二つの系統があることが判明した。最も古い学説は、一九四五年の董作賓『殷曆譜《いんれきふ》』によるものであり、二つの系統は「旧派」「新派」と名付けられた。具体的には、第一期・第三期・「第四期」には、字体のほか用語や祭祀方法などに共通点があり、同様に第二期と第五期にも類似点があることから、武丁代（第一期）の様式が祖庚・祖甲（第二期）によって革新されて新派となり、さらに旧派への復古や再度の革新があったと考えたのである。

その後、一九五六年に発表された陳夢家『殷虚卜辞綜述』において、貞人のグループからも甲骨文字の分類がおこなわれ、その分類は「某組」と呼ばれる。細部については研究者によって異論もあるが、殷王が主宰したものは大きく分けて𠂤組《たいそ》・賓組《ひんそ》・歴組《れきそ》・出組《しゅつそ》・無名組《むめいそ》・何組《かそ》・黄組《こうそ》の七種類がある。組の名前は所属する貞人の一人から採られており、無名組は貞人の署名がないグループである。

また陳夢家は、董作賓が「第四期」としたもののうち、𠂤組が第一期に作られたことを明らかにした（ただし歴組は「第四期」として残した。図表40のAを参照）。

さらに一九八〇年代以降の字体研究によって、本章でも述べたように「第四期」として残っていた歴組も早い時期に作られたことが判明したが、それだけではなく、字体の継承関係も詳しく分析された。

これも研究者によって細部に違いはあるが、おおまかに言えば、𠂤組を起点として歴組・無名組の系統と賓組・出組・何組・黄組の系統に分かれたと考えられている（図表40のBを参照）。つまり、甲骨文字における二つの字体系統とは、董作賓が想定したような革新・復古ではなく、二つの系統が併存しており、時期ごとにいずれかの派閥が優勢になったという現象だったのである。

A陳夢家の研究（『殷虚卜辞綜述』による）

時期	第一期	第二期	第三期	第四期	第五期
殷王	武丁	祖庚・祖甲	廩辛・康丁	武乙・文武丁	帝乙・帝辛
組	賓組・自組	出組	何組・無名組	歴組	黄組

B近年の中国の研究（黄天樹の研究を簡略化。実際は派の内部で期間の重複がある）

殷王	武丁	祖庚	祖甲	廩辛	康丁	武乙	文武丁	帝乙	帝辛

組：自組→歴組→無名組（村南派）
組：自組→賓組→出組→何組→黄組（村北派）

C筆者の研究（『殷代史研究』による）

時期	第一期	一二間期	第二期	第三期	第五期
殷王	武丁	祖己	祖庚・祖甲	康丁・武乙	文武丁・帝辛

組：自組→歴組→無名組（村南派）
組：自組→賓組→出組→何組→黄組（村北派）

図表40　甲骨文字の分組と時期区分

この二つの系統については、正式な呼称は決められていないが、甲骨の出土が殷墟遺跡が所在する小屯村《しょうとんそん》（河南省安陽市内）の南部と北部に分かれることから、それぞれ「村南《そんなん》派《は》」「村北派《そんほくは》」と通称する（図表40参照）。

歴組（旧「第四期」）は、本章で述べたように祖己代に作られた甲骨文字であるが、かつて「第四期」として誤認された理由には、無名組（第三期が中心）と字体が近いということもあった。第二期を跨《また》いで早期に置くよりは、第三期と連続させた方が自然と考えられたのである。しかし、甲骨文字の系統を考慮すれば、村南派の内部では、歴組が無名組とつながっており、字体の連続としても矛盾はない。

なお、前述のように中国ではいまだに文献資料の権威が強く、『史記』の系譜への批判的分析が難しいため、甲骨文字の時期区分にもそのまま採用されている。その結果、各時期の王の数が実際とは異なるため、中国における字体の研究は五期に区分できなくなっている。例えば歴組であれば「武丁末期から祖庚初期」とし、何組であれば「祖甲末期から武乙初期」とするように、中途半端な区分なのである（図表40のBを参照）。

しかし、すでに述べたように、実際には『史記』の系譜は殷滅亡後に改編されたものであり、それを前提にすれば、貞人によるグループ分けは五期区分を前提として分析することができる。筆者は二〇〇六年から二〇一〇年にかけて甲骨文字の系統と貞人グループを研究し、𠂤組が第一期、賓組が第一期～一二間期、歴組が一二間期、出組が第二期、無名組が第二期～第五期、何組が第三期、黄組が第五期であることを明らかにした（図表40のCを参照）。

さらに重要なことは、二つの系統の間では、甲骨文字の字体だけではなく内容や用語にも違いがあるということであり、董作賓の分類で言えば、おおよそ旧派が村南派、新派が村北派に該当する。

甲骨文字の字体に二派があることは、直接的には、甲骨文字の作成者である彫刻職人に複数の集団があったことが原因である。しかし、職人は占卜記録を彫刻するだけであり、内容には関与しない（第3章参照）。つまり、二系統の甲骨文字からは、職人集団が複数あったというだけではなく、背後に複数の政治勢力が存在したことが読み取れるのである。本書では便宜上、政治勢力についても「村南派」「村北派」と呼称する。

そして、各時期には二派の甲骨文字が併存しているが、比率に大きな偏りがあり、王は中立ではなく、いずれかの派閥を重視していたことが分かる。例えば第一期は、村北派の賓組が圧倒的に多く、村南派の𠂤組との比率はおおよそ十対一になる。以下、一二間期と第三期は村南派が重視され、第二期と第五期は村北派が多くなっている（図表41参照）。

こうした甲骨文字の二分化という現象については、字体の詳細な分析よりも早く、一九

時期	殷王	村南派	村北派
第一期	武丁	𠂤組	**賓組**
一二間期	祖己	**歴組**	後期賓組
第二期	祖庚・祖甲	初期無名組	**出組**
第三期	康丁・武乙	**無名組**	何組
第五期	文武丁・帝辛	後期無名組	**黄組**

図表41　各時期の殷王が主宰した甲骨文字（太字は比率が高いもの。落合淳思『殷代史研究』などを元に作成）

六〇年代に張光直《ちょうこうちょく》によって系譜を対象とした研究が進められていた。

その論旨は、殷王の系譜では、諡号の十干が世代ごとに甲乙戊己と丙丁壬癸が交互に出現する部分が多いことから、諡号の十干が殷王室内部の出自集団を表示し、また十個の集団がそれぞれに連合して政治的なグループを形成していたとするものである（世代が政治的なグループを表す。庚辛は両方の世代に見られることから中立とした）。

この説では、諡号の十干が異なる王は出自が異なることになるので、殷代の王位はすべて父子や兄弟などの男系（父系）継承ではないということになる。張光直は、殷代の王位継承を妻の甥《おい》によるものと見なしており、一種の擬制的血縁関係による継承を想定したのである。

しかし、この説には決定的な誤解があった。もし諡号の十干が出自の家系を示すのであれば、殷王の系譜以外では、祖先の男性がすべて同じ十干の呼称になっていなければならない。しかし実際には、複数の世代を祭祀対象にした金文では、次に挙げたように男性祖先の十干が一致する例が見られないのである。

・亜共《あきょう》祖乙《そいつ》・父己《ふき》。（亜共は作器者《さっきしゃ》の所属する集団を表す記号）
・祖己《そき》・父癸《ふき》。
・祖辛《そしん》・父丁《ふてい》。
・⿸㫃皿婦《△ふ》示己《しき》・祖丁《そてい》・父乙《ふいつ》に⿰阝尊《そん》す。（⿸㫃皿婦は作器者の女性名、⿰阝尊は祖先祭祀の意）

そもそも、張光直は十干を用いた祖先呼称を「殷王室」に限定して考えたが、第4章でも述べたように、殷代だけではなく、その後の西周代の金文にも広く見られる慣習であり、ここで挙げた金文も四例目は西周代のものである。

殷王の系譜に限定しても、例えば乙と丁は別のグループになるはずだが、陳夢家の分類では武乙と文武丁が同一グループとなり、筆者の研究でも康丁と武乙が同一グループとなる（前掲の図表40参照）などの例外が見られる。したがって、すべての王位継承を擬制的血縁関係とする主張は成り立たないことになる。

ただし、擬制的血縁関係による王位継承という発想は、甲骨文字に複数の系統があることを上手に説明できる。そこで、諡号の十干を本源的な血縁組織（実際の血縁関係がある集団）とは見なさず、便宜上の命名とすることで、次のように整合的な解釈ができると筆者は考えている。

殷代後期には頻繁に派閥間で王位を継承したが、実際の血縁関係ではないため、人為的に世代関係を設定し、それを明示することが必要になった。そこで、殷代前期の大乙－大丁・卜丙－大甲などを参照して、便宜上、甲乙などと丙丁などで世代ごとに交互に命名したのである。

つまり、系譜上のすべての王位継承が擬制的な血縁関係だったのではなく、実際には、確実な例は殷代後期の一部に限定され、甲骨文字の「期」が異なる王の間だけが擬制的血縁関係だったのである。

こうした分析を経て、ようやく殷代後期の王位継承と政治的関係がおぼろげながら明らかになった。簡単に言えば、殷代後期の王都は、政治勢力としての村南派と村北派の連合によって形成されており、その政治力学的なバランスを保つため、擬制的な血縁関係によって定期的に王位を交換していたのである。そして、各王は自己の出自派閥を重視したため、それが董作賓の研究で「甲骨文字の様式が交代した」と認識されたのである。

ちなみに、第1章では殷代中期の王統について述べたが、筆者が甲骨文字の各派の祭祀対象を分析した結果、そのうち象甲・盤庚・小辛の系統（図表11参照。40頁）が殷代後期の村南派になったと推定された。そして、村北派の主体は祖辛・祖丁・小乙の系統であるが、羌甲の系統（子組）は甲骨占卜の形式が村北派に近く、最終的にはその一部になったと推定される。

殷代後期における派閥と王位継承について、具体的な経緯を述べると、まず二系統の起点（前掲の図表40のB・Cを参照）とされる自組は、小屯村の南地から出土するので、中立ではなく村南派と考えられる。しかし、武丁代の最も早い時期には自組が多いが、後に村北派の賓組が圧倒的に多くなるので、武丁は村北派の出自ということになる。

武丁は分裂していた殷王朝を再統一した人物であるが、おそらく武丁が属する村北派は文字や甲骨占卜などに関する知識が少なかったのであろう。そのため当初は村南派の貞人集団を用いざるを得なかったが、その後、村北派が学習してからは、村北派の貞人集団を主に用いたのである。殷王朝は武丁によって再統一されたのであるから、軍事的には村北派が優位だったのであろうが、伝統的な知識は村南派の方が豊富に持っていた可能性が高いことになる。

そして、武丁の死後、王位を継承した祖己は、前述のように村南派の歴組を重く用いているので、村北派の武丁の実子ではなく、村南派の出身だったことになる。

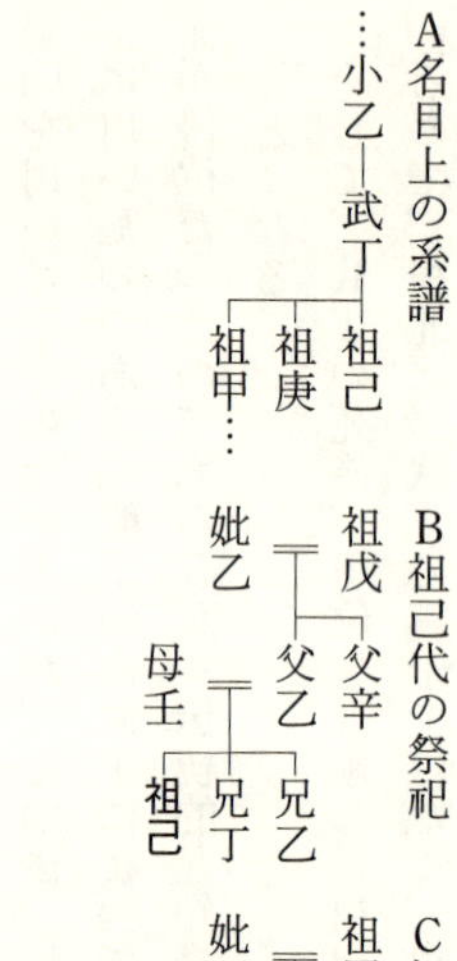

図表42　殷代後期の近親者祭祀（太字は祭祀者。落合淳思『殷代史研究』などによる）

実際の血縁によって王位を継承した場合には、政治的な支持基盤も継承されるため、政策の転換が難しいことが多い。しかし、祖己は武丁の実子ではなく、支持基盤も村北派ではなく村南派だったため、本章で述べた支配体制の改革や信仰体系の変更が比較的容易だったと考えられるのである。

なお、武丁と祖己が実際の父子でなかったことは、祖己代の祭祀によっても証明される。祖己は、先王に対する祭祀では小乙（后祖乙とも）や武丁（父丁）を対象にしたが、それとは別に、「祖戊《そぼう》」や「父乙」などを祀っている（図表42のA・Bを参照）。これらの祖先は、先王と同時に祀られることがほとんどないので、王ではない人物、つまり祖己の実際の親族ということになる。

その後、祖己を継いだ第二期の祖庚・祖甲も同様に、祖己とは実際の血縁関係がなかった。それどころか、第二期の王は武丁と同じ「村北派」でありながら、祭祀対象には武丁とは別の親族が見られる（図表42のＣを参照）。つまり、第二期の王は、祖己だけではなく武丁とも擬制的な関係だったのである。

第三期と第五期も同様に、擬制的な血縁関係によって王位が継承されており、王の出自派閥が入れ替わると甲骨文字の様式や内容にも変化が現れる。

ただし、その一方で、祖己が開始した支配体制の機構化は維持されており、王朝としての連続性も認められる。殷代後期の政治は、派閥間での相違と王朝としての連続性というふたつの側面が見られるのである。

第6章　動揺、集権化、そして滅亡——紀元前十一世紀

殷墟遺跡から発見された子安貝の貝殻（中国社会科学院考古研究所『安陽小屯』。紐を通して束にするための穴が開けられている）

「酒池肉林」の説話と実在の帝辛

殷王朝は紀元前十一世紀の後半に滅亡し、黄河流域の支配権は周王朝に移ることになる。殷王朝が滅亡したのは帝辛の時代であるが、その理由として、『史記』殷本紀に記載された「酒池肉林」などの物語がよく知られている。

・天下《てんか》之《これ》を紂《ちゅう》と謂《い》う。…（略）…酒《さけ》を好《この》み淫楽《いんらく》し、婦人《ふじん》を嬖《へい》し、妲己《だっき》を愛《あい》し、妲己《だっき》の言《げん》に是《こ》れ従《したが》う。…（略）…賦税《ふぜい》を厚《あつ》くし、以《もっ》て鹿台《ろくたい》の銭《せん》を実《み》たし、而《しこう》して鉅橋《きょきょう》の粟《ぞく》を盈《み》たす。…（略）…鬼神《きしん》を慢《あなど》る。大《おお》いに冣《あつ》めて沙丘《さきゅう》に楽戯《らくぎ》し、酒《さけ》を以《もっ》て池《いけ》と為《な》し、肉《にく》を縣《か》けて林《はやし》と為《な》し、男女《だんじょ》をして裸《はだか》にして其《そ》の間《あいだ》を相《あ》い逐《お》わしめ、長夜《ちょうや》の飲《いん》を為《な》す。百姓怨望《ひゃくせいえんぼう》して諸侯《しょこう》に畔《はん》する者《もの》有《あ》り。是《ここ》に於《お》いて紂《ちゅう》乃《すなわ》ち刑辟《けいへき》を重《おも》くし、炮格《ほうらく》の法《ほう》有《あ》り。…（略）…乃《すなわ》ち陰《ひそ》かに徳《とく》を修《おさ》め善《ぜん》を行《おこな》い、諸侯《しょこう》多《おお》く紂《ちゅう》に叛《はん》して往《ゆ》きて西伯《せいはく》に帰《き》す。…（略）…周《しゅう》の武王《ぶおう》是《ここ》に於《お》いて遂《つい》に諸侯《しょこう》を率《ひき》い紂《ちゅう》を伐《う》つ。紂《ちゅう》も亦《ま》た兵《へい》を発《はっ》し之《これ》を牧野《ぼくや》に距《ふせ》がんとす。甲《こう》子《し》の日《ひ》、紂《ちゅう》の兵敗《へいやぶ》れ、紂《ちゅう》走《はし》り入《い》り鹿台《ろくたい》に登《のぼ》り、其《そ》の宝玉衣《ほうぎょくい》を衣《き》、火《ひ》に赴《おもむ》きて死《し》す。
〇人々はこれ（帝辛）を紂と呼んだ。…（略）…酒や女が好きであり、妲己という女性を愛し、妲己の言葉に従った。…（略）…税を重くし、鹿台の倉を銭で満たし、鉅橋の倉を穀物で満たした。…（略）…死者の霊をあなどった。大勢を集めて沙丘（地名）で遊びふけり、酒で池を作り、肉を吊《つる》して林に見立て、男女を裸にしてその間で互いに追わせ、長夜の酒宴を設けた。人々は恨み、諸侯にも反する者が現れた。そこで紂は刑罰を重くし、炮格の法（焼けた金属柱に抱きつかせて殺す処刑方法）を作った。…（略）…〔周の西伯《せいはく》（文王《ぶんおう》）は〕善政を敷いたので、諸侯の多くは紂に反して西伯のところに帰順した。…（略）…〔西伯の死後、その子の〕武王はついに諸侯を率いて紂を攻撃した。紂も軍隊を徴発して牧野の地で防ごうとした。甲子の日、紂の軍勢は敗れ、紂は逃げて鹿台に登り、宝玉を付けた衣服を着て、自《じ》焚《ふん》して死んだ。

先に結論を言えば、これらはすべて後代の創作である。「酒や女を好む」「貪欲で税を重くする」「逆らう者には残酷な刑罰を用いる」など、ステレオタイプの「暴君」のイメージを投影した文章であるが、実際には、帝辛は頻繁に狩猟や祭祀を実行しており、「酒池肉林」などをする暇はなかったのである。

図表43に、殷末（第五期）の甲骨文字から復元した帝辛の即位三年目のカレンダーを掲載した。当時の狩猟は、殷王の直轄地である王畿の都市で主におこなわれ、軍事訓練や視察を兼ねており、また王の権力を人々に見せる働きもあった。祖己代（一二間期）以来、効率的な支配手段として続けられていたものである。

しかも殷末には、狩猟の体裁をとらずに軍事訓練に特化した「戔」という日程も見られ、

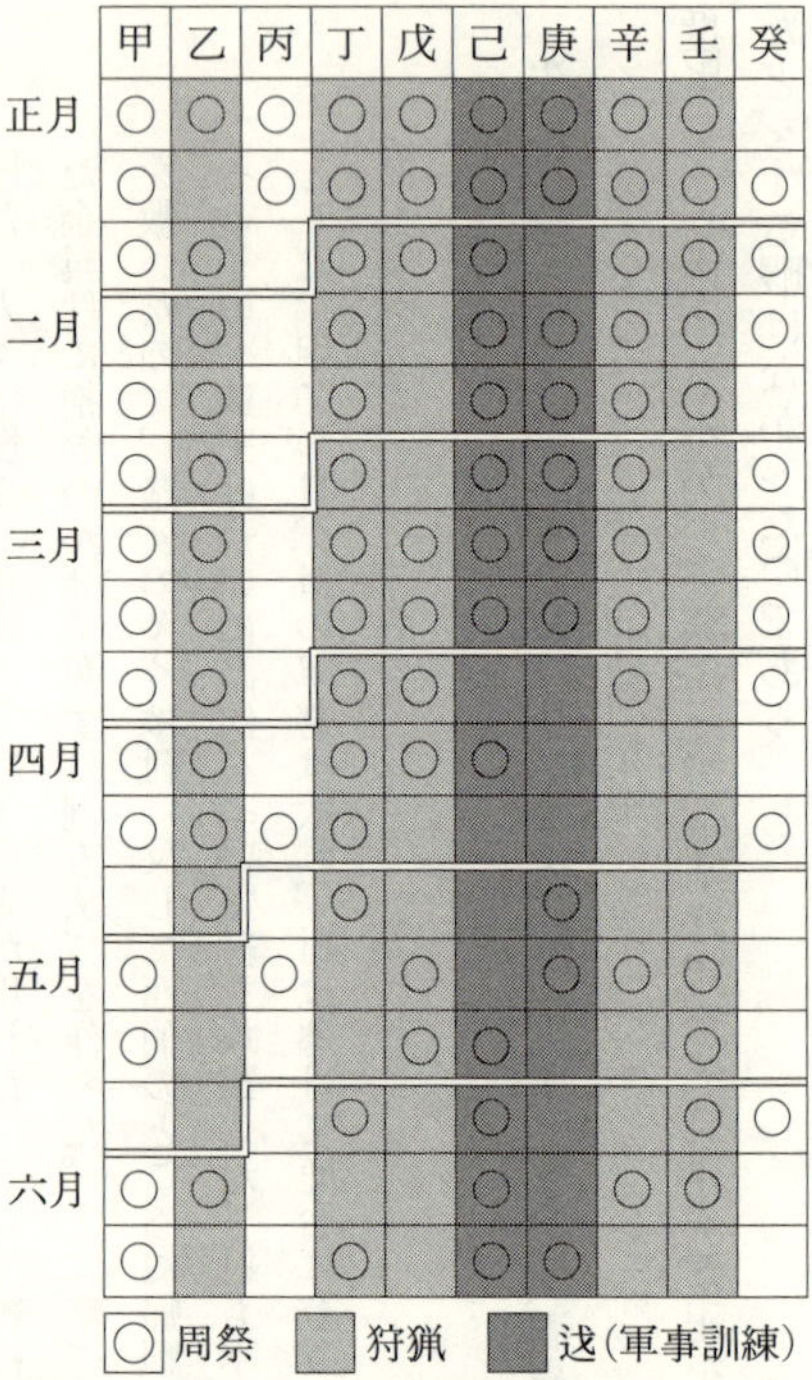

図表43　帝辛三祀（即位三年目）のカレンダー
（落合淳思「殷末暦譜の復元」を元に作成）

帝辛が熱心な軍事指揮官だったことが分かる。狩猟や戔は、悪天候などによって日程のうち三分の一程度は中止になったと推定されているが、それでも二日に一回程度の割合で実施されている。

また、祭祀も王の宗教的権威を高める役割があり、これも王としての政治的な行動であった。帝辛は先王への祭祀を頻繁に挙行しており、先王や先妣を即位順に祀る「周祭」（詳しくは後述。図中の白丸の部分）だけでも多くの日数が当てられている。したがって、「酒池肉林」だけではなく、殷本紀に記された「鬼神（死者の霊魂）をあなどった」という部分も、明らかに捏造《ねつぞう》されたものである。

そのほか、殷本紀には帝辛の寵愛を受けた女性として「妲己」という名が記されているが、十干（己は十干の六番目）が使われるのは諡号であるから、生前の名に十干を用いることは殷の文化としてはあり得ない。逆に妲己を諡号とすると、殷代には死去した女性に母某や妣某のような親族呼称が用いられたので、「妲」という固有の文字を使うことは考えられない。そもそも甲骨文字には「妲」の文字すら見られないので、妲己も後代に作られた架空の人物であることが確実である。

なお、「帝辛」という諡号についても、その時代に殷が滅びているため甲骨文字には記載がない。本当に諡号が「帝辛」だったのかは、同時代の資料からは確かめられないのである。

ただし、甲骨文字では武丁を「帝丁」、祖甲を「帝甲」と呼ぶものがあるので、諡号が「帝辛」であったとしても矛盾はない。

このように、「酒池肉林」などの物語は後代に創作されたものであった。いつごろ作られたのかというと、文中に「倉を銭で満たした」という記述があり、金属製の貨幣が広く普及したのは戦国時代であるから、それ以降の作であることは明らかである。

具体的には、紀元前三世紀後半に作られた『韓非子《かんぴし》』という文献資料に「紂肉圃《ちゅうにくほ》（肉の畑）を為《つく》り、炮烙《ほうらく》（この段階では肉を焼く施設の意味）を設《もう》け、糟邱《そうきゅう》（酒糟《さけかす》で作った丘）に登《のぼ》り、酒池《しゅち》（酒で満たした池）を臨《のぞ》み、紂遂《ちゅうつい》に以《もっ》て亡《ほろ》ぶ」（喩老《ゆろう》篇）とあり、これが原型になっている。したがって、最終的に「酒池肉林」の伝説が作られたのは、『韓非子』より後の時代であり、おそらく『史記』が作られた前漢代であろう。『史記』の成書は紀元前九十年とされており、殷が滅びてから約千年も経過した時代のことである。

それでは、「酒池肉林」が事実ではないとしたら、殷王朝はどのような理由で滅びたのだろうか。それを確かめるためには、甲骨文字の内容を時代順に整理して、王朝の推移を明らかにする必要があり、本章では第三期の甲骨文字から見ていきたい。

対外戦争の再発

第二期（祖庚・祖甲代）に安定期を迎えた殷王朝であるが、第三期（康丁・武乙代）に入ると再び各地で戦争が発生するようになり、甲骨文字には次のような記述が見られる。

・今秋《こんしゅう》、叀《こ》れ牲《せい》を伐《う》つを告《つ》げんか。

○今秋、牲を伐つことを告げようか。（告は布告か神への報告儀礼かは不明）

・戍《じゅ》叡《さ》方《ほう》に及《およ》び、𢦏《か》つか。

○軍隊は叡方に追いつき、勝つか。

・…玟繐方《けいほう》に啓《けい》し、其《そ》れ呼《よ》びて伐《う》たしむるに、悔《く》いず、…苗ならず、𢦏《か》つか。

○…玟（人名）は繐方に先駆けし、呼んで伐たせるが、悔いず、…苗（凶事の意）ではなく、勝つか。（呼ぶ対象は省略されている）

ここに見える牲《せい》（）・叡《さ》（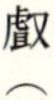）・繐《けい》（）のうち、牲は第一期の段階から殷に敵対していたが、叡と繐は殷王朝の支配下にあった勢力であり、それまでの甲骨文字では王の滞在地などとして記されている。したがって、叡と繐については、配下の地方領主が王に対して反乱を起こしたことになる。

第三期には、この三者が連合していたようであり、次のような記述もある。

・叀《こ》れ可《よ》き日《ひ》にして、叀《こ》れ呼《よ》びて牲方《せいほう》・𠭯方《さほう》・繐方《けいほう》に𩰫せしめんか。

○よい日であり、呼んで牲方・𠭯方・繐方に𩰫（動詞だが詳細は不明）させようか。（呼ぶ対象は省略されている）

第三期の甲骨文字には、羌（）も敵対勢力として記されており、しかも次に挙げたように殷王の側が人々の戦死を恐れる記述もある。

・其《そ》れ戍《じゅ》を呼《よ》びて羌方《きょうほう》を義刞《ぎしょ》に禦《ふせ》がしむるに、羌方《きょうほう》に𢦏《か》ち、衆《しゅう》を喪《うしな》わざるか。

○軍隊を呼んで羌方を義刞（地名）で禦がせるが、羌方に勝ち、配下の人々を喪わないか。（原典は図表44）

・遅《ち》に羌方《きょうほう》を之《これ》に伐《う》ち、擒《と》らえ𢦏《か》ち、衆《しゅう》を雉《うしな》わざるか。

○遅（地名）で羌方をここで攻撃し、捕らえて勝ち、配下の人々を失わないか。

羌は、第三期の甲骨文字では戦争の記述が最も多く、最大の敵対勢力になっていたようである。第一期には、武丁によって大勢の羌が捕虜になっており、家内奴隷や祭祀犠牲にされていた（第3章参照）のであるから、羌の人々の組織化が進んだものと思われる。ただし、殷王朝側の記述である甲骨文字からは、羌の変質について詳しい経緯は分からない。

このように、羌は単独でも殷王朝に対して善戦したのであるが、第五期になると、先ほどの三者と連合して「四邦方《しほうほう》」と呼ばれるようになる（後述）。

そのほか第二期には記述がなかった危方（[illegible]才）と人方（[illegible]才）についても、次のように、第三期には再び殷王朝の敵として現れている（第五期には方の字形は「才」が多い）。

図表44　羌との戦争（『甲骨文合集』27972。上部の横線は段落分けの記号）

•襄《じょう》に益《ま》す勿《な》く、人方之《じんぽうこれ》に出《い》でざるか。涂《と》に益《ま》す勿《な》く、人方之《じんぽうこれ》に出《い》でざるか。

○襄（地名）で益（不詳）することがなく、人方はここに出現しないか。涂（地名）で益することがなく、人方はここに出現しないか。

•…卜《ぼく》して犾…危方美《きほうび》…に冊《さく》するに、諾《だく》さるるか。

○…甲骨占卜をして犾が…危方美…に冊（祭

祀名）するが、神の承諾を得られるか。

前者は、東方の勢力である人方が出現することの占卜である。ここでの「益」については字義がよく分からないが、あるいは河川の増水を意味し、洪水に乗じて攻撃することの占卜であるかもしれない。

後者は危方の首長である美という人物の記述であり、甲骨文字では「危伯美《きはくび》」と呼ばれることもある。欠損部分が多いため占卜の対象が何かは不明であるが、「方」と呼ばれている以上、殷の支配下に入っていなかったことが明らかである。

このように、平和な時代であった第二期と比較して、第三期には戦争が多く発生した。現在の資料状況では、対外戦争を再発させた理由を明らかにすることは難しいが、再出現した敵対勢力はひとつではないので、敵に一人の優秀なリーダーが現れたというような偶発的な要素ではないことは確実である。もしかしたら殷の政治知識や科学技術が流出し、周辺勢力の軍隊や兵器が「近代化」されたのかもしれない。あるいは気候の変化によって食糧生産が減少し、奪い合いが発生したという可能性もある。

いずれにせよ、殷王朝の動揺は第三期に始まったのである。殷代には、末期（第五期）を除いて王の即位年数が記録されなかったため、正確な年代は分からないが、第三期は紀元前十二世紀末期から紀元前十一世紀初期まで続いたと推定されるので、おおよそ紀元前十一世紀に入るころを動揺の開始と見ることができる。

なお、この時期に該当する殷王の武乙について、『史記』殷本紀には、次のような説話が載せられている。

・帝《てい》武乙《ぶいつ》無道《むどう》たり。偶人《ぐうじん》を為《つく》り、之《これ》を天神《てんじん》と謂《い》う。之《これ》と博《はく》し、人《ひと》をして為《ため》に行《おこな》わしめ、天《てん》神《じん》勝《か》たざれば乃《すなわ》ち之《これ》を僇辱《りくじょく》す。革嚢《かわぶくろ》を為《つく》り血《ち》を盛《も》り、卬《あお》ぎて之《これ》を射《い》、命《めい》じて「天《てん》を射《い》たり」と曰《い》う。武乙《ぶいつ》河《か》・渭《い》の間《あいだ》に猟《かり》し、暴《にわ》かに雷《かみなり》あり、武乙《ぶいつ》震死《しんし》せり。

○武乙は無道であった。人形を作り、それを天神と称した。これと博打《ばくち》をし、〔天神の側は〕人に代行させ、天神が負けるとそれを侮辱した。革の袋を作って血液を入れ、仰いでそれを射て、「天を射た」と言った。武乙が黄河と渭水の間で狩りをした際に、急に雷があり、武乙は雷にあたって死んだ。

実際のところは、第三期の甲骨文字にも、他の時期と同様に祭祀儀礼を盛んに挙行したことが記されているので、この記述が事実とは考えられない。そもそも「天」を主神とするのは周代のことであり、殷代の甲骨文字では、天（天）は多数の自然神のうちのひとつとして扱われている。

武乙の時代に王朝の支配体制が揺らいだという事実が伝承され、それを踏まえて作られたという可能性までは否定できないが、この内容は明らかに後代の創作なのである。「暴君」のイメージとして、神を軽んじ、結果として神罰を受けるという構図が分かりやすかったのであろう。ちなみに、「天を射た」のくだりは『史記』宋微子世家《そうびしせいか》の君偃《くんえん》の条にもほぼ同じ文章があり、こうした説話が類型化されていたことが分かる。

『史記』殷本紀は、司馬遷によって複数の資料を総合して作られたものであり、各部分の信頼性には大きな違いがある。系譜については、一部に王名の追加や削除が見られるものの、比較的正しい情報が残っているが、それ以外はほとんどが後代に作られた説話であり、殷代の事実が反映されていないのである。

狩猟日の増加と戦争の勝利

第三期に始まった殷王朝の動揺は長期化し、第五期に持ち越された。周辺勢力の台頭は一時的なものではなく、長期間にわたって殷王朝と軍事的に対立したのである。こうした状況において、第五期の王である文武丁（帝辛の先代）はどのように対処したのだろうか。

文武丁の時代の甲骨文字には、それまでと比較して狩猟日が増加したという特徴がある。

第三期までは旬（十日間）のうち狩猟日は四日であったが、文武丁はそれを五日とした。当時の狩猟は軍事訓練や視察を兼ね、さらに王の権力を誇示する働きがあったので、狩猟日を増やしたことは、軍事力を強め、また支配を固める意図があったと考えてよいだろう。

さらに文武丁は、従来型の狩猟とは別に「⿺辶戋（〓）」をおこなう日程を二日設けた。これは狩猟と同様に王畿内部の都市で実施されるが、従来型の狩猟である「田（田）」とは異なり、獲物がほとんど記されないので、偶然に獲物に遭遇したのでなければ狩猟はおこなわれず、軍事訓練に特化したものと考えられている。また、田（狩猟）は近隣に山林がない都市では実行できないが、⿺辶戋（軍事訓練）であれば、どの都市でも実施できるという利点がある。

なお、⿺辶戋が始められたのは第三期であるが、当初は狩猟日と同じ日程（十日のうち四日）だけでおこなわれていた。第五期には、五日の狩猟日に加えて⿺辶戋の日程が二日あるので、十日のうち合計七日が軍事訓練ということになる。第三期と比較して二倍近い日数であり、文武丁は軍隊を強化し、また王都近傍の都市をより強く支配することに力を入れたのである。

文武丁は、以下に述べるように、各地の敵対勢力に戦争で勝利した。おそらく、こうした軍事訓練が功を奏したのであろう。

前項で挙げた敵対勢力のうち、連合していた牲・叡・總の三者は、第五期にはさらに羌とも連合しており、甲骨文字では合わせて「四邦方《しほうほう》（〓）」と呼ばれている。

・乙丑王卜《いっちゅうおうぼく》して貞《と》う、今《いま》、冎巫九咎《かふきゅうきゅう》し、余隮《よそん》する亡《な》きか。侯《こう》・田《でん》に過告《かこく》するに、戱《さ》方《ほう》・羌方《きょうほう》・羞方《しゅうほう》・繐方《けいほう》を冊《さく》せんか。余其《よそ》れ侯《こう》・田《でん》を従《したが》え、戴《いただ》かれて四邦方《しほうほう》を戔《せん》せんか。

○乙丑の日に王が甲骨占卜をして占った、今、冎巫九咎（意義不詳）し、私は祖先祭祀をするべきではないか。侯（遠方の領主）・田（近傍の領主）に通告をする際に、戱方・羌方・羞方・繐方を文書で記録しようか。私は侯・田を従えて、推戴《すいたい》されて四邦方を攻撃しようか。

このうち「羞方《しゅうほう》（）」については、字形が近い牲方（）と同一勢力であろう。また、一人称の「余」は王である文武丁自身を指す。そして、文武丁が従えることを述べる侯・田については、「侯」はすでに述べたように遠方の領主であり、「田」はおそらく田（狩猟）がおこなわれた王都近傍の都市の領主であろう。

この戦争は、四邦方のうち方国のひとつが戦線から離脱したようであり、実際の戦闘は三《さん》邦方《ぼうほう》（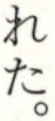）に対しておこなわれた。そして、文武丁は三邦方に勝利して王都に凱旋《がいせん》したのである。

・己酉王卜《きゆうおうぼく》して貞《と》う、余三邦方《よさんぼうほう》を征《せい》し、叀《こ》れ競し、邑《ゆう》に令《れい》するに、悔《く》いず、…亡《な》からざるか。大邑商《だいゆうしょう》に在《あ》り。王占《おううらな》いみて曰《いわ》く、「大吉《だいきち》なり」と。九月《くがつ》に在《あ》り、上甲《じょうこう》の…に遘《あ》い、五牛《ごぎゅう》もちいたり。

○己酉の日に王が甲骨占卜をして占った、私は三邦方を征伐し、覬（字義不明）し、邑（都市の汎称《はんしょう》または人名）に命令するが、悔いず、必ず…があるか。大邑商において〔占卜した〕。王が占って言った、「大吉である」と。〔占卜は〕九月であり、上甲の…〔祭祀名〕の日であり、五頭の牛をもちいた。

•…子卜《しぼく》して…に在《あ》りて…湡《ぐ》に…するに往来《おうらい》に…。王三邦《おうさんぽう》…を征《せい》するより来《き》たる。

○…子の日に甲骨占卜をして…において…湡（地名）に…するが往復途上に…。王が三邦…を征伐してから帰ったときのことである。

一例目は三邦方との戦争を占っており、王が吉凶判断をして「大吉」としている。すでに述べたように、殷代の甲骨占卜は操作されていたのであるから、これは文武丁が望んで戦争したことを示している。

二例目は欠損部分が多いが、文末において三邦方との戦争から帰還したことを記している。「王来征某」は、当初は「王来たりて某を征す」と読んでいたが、その後の研究で戦闘終了後の記述であることが判明しており、「王某を征するより来たる」と訓じる。

それ以外の敵対勢力についても、次に挙げたように文武丁は危方を戦争で破り、さらに首長を捕虜にすることに成功した。危方の首長（名は「美」）は、捕虜になった後、祭祀において先王への犠牲に供された。

・…小臣《しょうしん》牆《しょう》従《したが》いて伐《う》ち、危《き》の美《び》を擒《と》らえ…（略）…白《はく》慶を大乙《たいいつ》にもちい、…帷・白印《はくいん》を…に用《もち》い、…を祖乙《そいつ》にもちい、美《び》を祖丁《そてい》に用《もち》い、俾して京《けい》に…を賜《たま》うを曰《い》わんか。

○…王の臣下の牆が〔王に〕従って攻撃し、危の美を捕らえ…（略）…白慶を大乙にもちい、…帷・白印を…に用い、…を祖乙にもちい、美を祖丁に用い、俾（不詳）して京（施設名）で…を与えることを言おうか。（省略した部分には捕虜の人数や鹵獲品《ろかくひん》の数量が列記されている。白慶・帷・白印・美が祭祀の供物）

小臣（王の臣下）である牆《しょう》という人物が危の首長を捕らえ、それを先王である祖丁への祭祀に用いることを記している。殷の側が大勝利を収めたのである。その後、危は殷の支配下に入り、王の滞在地として記されている。

さらに文武丁は、後述するように、東方にあった人方にも勝利した。文武丁は、第三期に再出現した敵対勢力のほとんどを撃破したのである。

	甲	乙	丙	丁	戊	己	庚	辛	壬	癸
1旬	上甲	匚乙	匚丙	匚丁					示壬	示癸
2旬		大乙		大丁						
3旬	大甲		卜丙				大庚			
4旬	小甲				大戊	雍己				
5旬				中丁					卜壬	
6旬	戔甲	祖乙						祖辛		
7旬	羌甲			祖丁			南庚			
8旬	象甲						盤庚	小辛		
9旬		小乙		武丁		祖己	祖庚			
10旬	祖甲			康丁						
11旬		武乙		文武丁						

図表45　周祭における祭祀順序（先妣を略し先王のみを表示。落合淳思「殷末暦譜の復元」および『殷代史研究』による）

先王祭祀の盛行

文武丁の時代の甲骨文字には、祭祀が増加したという特徴も見られる。第五期の甲骨文字では、自然神の記述がごく僅かであり、祭祀儀礼は先王を対象としたものがほとんどである。

第五期の祭祀は、すべての先王・先妣を祀る「周祭」が定期的におこなわれたことが大きな特徴である。周祭とは、祭《さい》（[illegible]）・𩛞《さい》（[illegible]）・[illegible]《きょう》（[illegible]。劦とも）・彡《さん》（彡）・翌《よく》（[illegible]）という五種類の祭祀を始祖の上甲から順におこなうものであり、「日」をつけて「彡日」や「翌日」とも呼ばれる。不定期な周祭は第二期にも見られるが、第五期にはそれが定期化された。

各祭祀の日程は図表45に挙げた通りであり、先王は即位順に諡号の十干と同じ日に祀られ、文武丁代には十旬（康丁まで）、帝辛代には十一旬（文武丁まで）でおこなわれた。

また、周祭全体の日程としては、太陽の周期である太陽年（約三百六十五日）が基準とされており、まず祭・𩛥・𠭪を一旬だけずらして挙行し、それが終わると彡がおこなわれ、次いで翌の日程となる（図表46参照）。各祭祀が十旬であった文武丁代には、一ヶ月あまりの空き期間が生じていたが、帝辛の時代には十一旬となったため、ほぼ一年すべてが費やされる

文武丁代

1	祭1旬		
2	2旬	𩛥1旬	
3	3旬	2旬	𠭪1旬
4	4旬	3旬	2旬
5	5旬	4旬	3旬
6	6旬	5旬	4旬
7	7旬	6旬	5旬
8	8旬	7旬	6旬
9	9旬	8旬	7旬
10	10旬	9旬	8旬
11		10旬	9旬
12			10旬
13	彡1旬		
14	2旬		
15	3旬		
16	4旬		
17	5旬		
18	6旬		
19	7旬		
20	8旬		
21	9旬		
22	10旬		
23	翌1旬		
24	2旬		
25	3旬		
26	4旬		
27	5旬		
28	6旬		
29	7旬		
30	8旬		
31	9旬		
32	10旬		
33	空き		
34	空き		
35	空き		
36	空き		

帝辛代

1	祭1旬		
2	2旬	𩛥1旬	
3	3旬	2旬	𠭪1旬
4	4旬	3旬	2旬
5	5旬	4旬	3旬
6	6旬	5旬	4旬
7	7旬	6旬	5旬
8	8旬	7旬	6旬
9	9旬	8旬	7旬
10	10旬	9旬	8旬
11	11旬	10旬	9旬
12		11旬	10旬
13			11旬
14	彡1旬		
15	2旬		
16	3旬		
17	4旬		
18	5旬		
19	6旬		
20	7旬		
21	8旬		
22	9旬		
23	10旬		
24	11旬		
25	空き		
26	翌1旬		
27	2旬		
28	3旬		
29	4旬		
30	5旬		
31	6旬		
32	7旬		
33	8旬		
34	9旬		
35	10旬		
36	11旬		

図表46　周祭全体の日程（落合淳思「殷末暦譜の復元」および『殷代史研究』による。二年に一回程度、太陽年との調整で一旬の空きが加えられる）

ようになった。

このように、周祭は約一年かかって各先王を五回ずつ祀るというものであり、期間・規模ともに殷代で最大のものであった。大規模な祭祀を挙行することで、文武丁が自己の宗教的権威を高めようとしたと考えられる。

周祭以外にも、第五期の甲骨文字には、武丁以後の直系王を対象とした「丁《てい》（口）」という祭祀も多く見られ、大量の牛や羊が犠牲として消費されている。これも王の持つ経済力を誇示し、また宗教的権威を高めようとしたものであろう。

特異な暦「周祭暦」の復元

殷末の歴史について分析するためには、暦の復元作業が重要となる。殷末には、甲骨文字や金文の一部に王の即位年数が記録されるようになるので、この時期に限り、重大な事件の年代を特定することが可能なのである。

この点は早くから意識されており、一九四五年に発表された董作賓『殷暦譜』において、すでに暦の復元が試みられている。また、一九五八年の島邦男『殷墟卜辞研究』も董作賓とは別個に殷末の暦を復元しており、その後も常玉芝《じょうぎょくし》らによって研究がおこなわれている。

しかし、結論から言えば、これまでの研究には資料の扱いに誤りがあり、すべての研究者が暦の復元に失敗していたのである。細部を挙げればきりがないが、特に大きな問題は以下に挙げる二点である。

一点目は、「王口祀《おうこうし》（王ㅂ祀）」という用語の扱いである（第五期には王の字形は「王」が多い）。殷末には王の即位年数を「王〇祀」の形式で表示しており、例えば即位三年目であれば「王三祀《おうさんし》」であり、七年目ならば「王七祀《おうしちし》」となる。甲骨文字だけではなく金文にも「王〇祀」の記述が見られ、しばしば周祭の記録が併記されている。

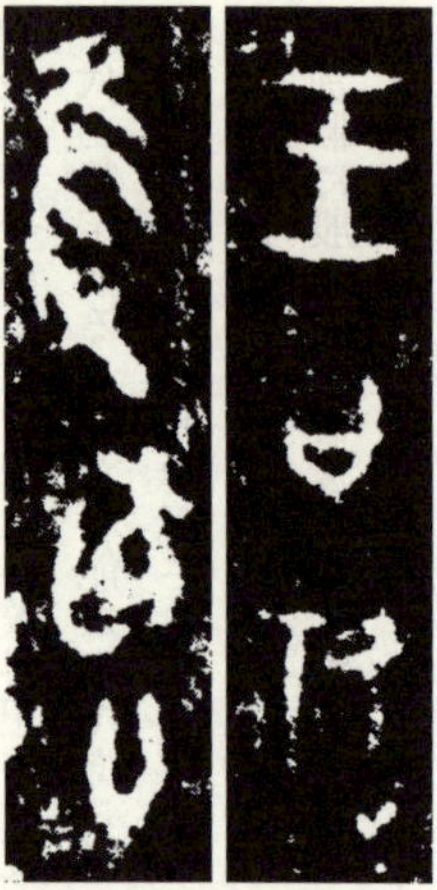

図表47「王口祀」と「廿」の字形（右：『甲骨文合集』37867「王口祀」、左：『甲骨文合集』37472「獲狐廿」。最下部に廿（∪）がある。書き下しは「狐廿を獲たり」である）

かつては「王口祀」を「王廿祀《おうにじっし》」と読んでおり、王の即位二十年目と見なしていた。しかし、「口」と「廿」は甲骨文字の段階でも字形が異なっている。図表47に挙げたように、「口（ㅂ）」はU字型に横線を加えた形であるが、廿（∪）は横線のないV字型をしており、明らかに別の文字である。

また、周祭の記録は、後述するように祭祀と月次が年々ずれていくが、口祀における周祭は二祀や三祀と近い月次になっている。さらに、甲骨文字や金文には「一祀」の記録が全く見られない（図表48参照）。

したがって、「王口祀」は、後に言う「元年」に近い意味であると考えるのが妥当である。そのほか、口祀の例数が多いのに対し、二十祀の前後は例が少なく、これも「王口祀」が「王廿祀」ではないことを支持する材料である。

従来の研究における二点目の問題は、甲骨文字と金文の暦の違いを認識できていなかったことである。

甲骨文字では、殷末（第五期）を除いて太陰太陽暦《たいいんたいようれき》（陰暦《いんれき》）が使われており、一年は太陽の周期（約三百六十五日）、一ヶ月は月の満ち欠けの周期（約二十九・五日）が用いられていた。この場合には、十二ヶ月（約三百五十四日）では太陽年とのずれが生じるため、二〜三年に

王○祀	甲骨	金文	合計
一	0	0	0
二	1	1	2
三	3	0	3
四	6	1	7
五	2	0	2
六	1	3	4
七	1	0	1
八	1	0	1
九	4	1	5
十	6	1	7
十四	2	0	2
十五	0	1	1
十七	1	0	1
十九	1	0	1
二十三	1	0	1
口	11	3	14
合計	41	11	52

図表48　甲骨文字・金文の王○祀（落合淳思「殷末暦譜の復元」および『殷代史研究』による）

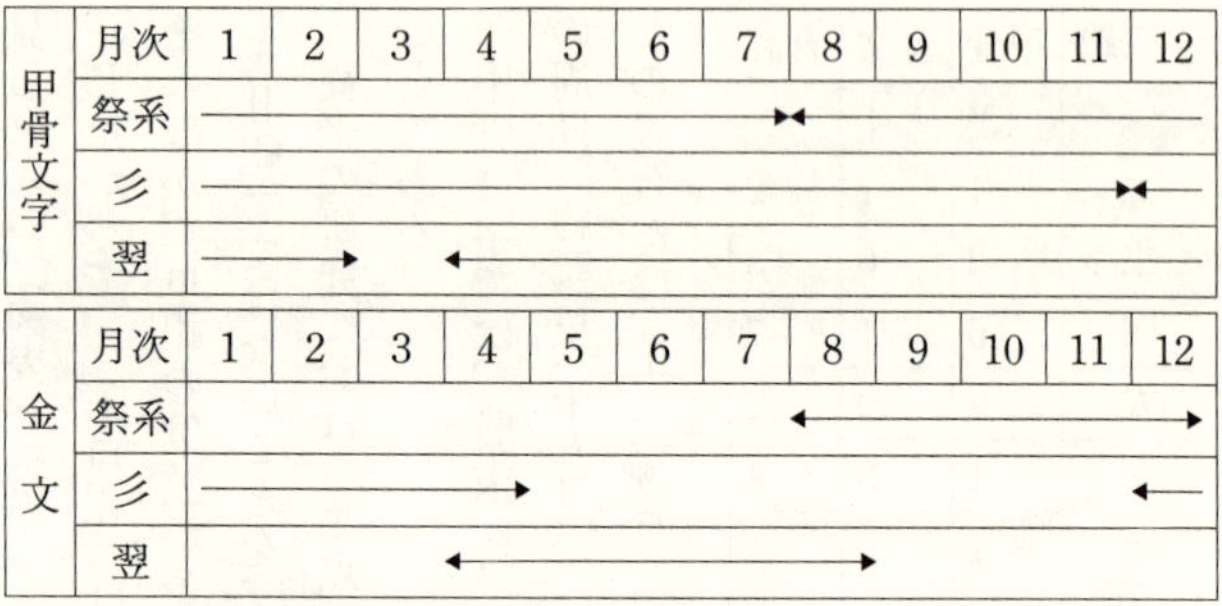

図表49　甲骨文字と金文の暦の相違（周祭の記述が見られる月次。落合淳思「殷末暦譜の復元」および『殷代史研究』による）

一回、「閏月《うるうづき》」を置いて太陽年に合わせるという調整が必要になる。

後の時代には、一年の途中に閏月が置かれるようになるが、殷代後期には年末に閏月が設置されており、甲骨文字には「十三月（[illegible]）」が見られる。これによって太陽年との周期をおおよそ一致させていたのである。

しかし、第五期の甲骨文字には「十三月」が存在しない。しかも、第五期には周祭の記録が多く見られるが、祭祀と月次が年々ずれていくという特徴がある（図表49参照）。例えば祭・𩛥・劦の系統（仮に「祭系」とする）は、当初は八月ごろに始まり十一月ごろに終わっていたが、二十年以上を経て、最終的には四月ごろに始まり七月ごろに終わるようになる。同様に、彡は十二月ごろに始まり三月ごろに終わっていたが、これも月次がずれ、八月ごろに始まり十一月ごろに終わるようになる。

第五期には周祭が完全に定期化されており、同一祭祀・同一対象であれば、太陽年に対して同じ時期に挙行された。それにもかかわらず、祭祀記録の月次は二〜三年に一ヶ月ずつ後ろへずれていく（月次の数字が大きくなる）のであり、このことは太陽年に対して月次の周期が早いこと、つまり閏月が置かれていなかったことを示している。

このように第五期においては、王の周辺では太陽年を基準として周祭の挙行や即位年数の表示がされていた。しかも、月の満ち欠けを一ヶ月の長さの基準としながらも閏月を設けず、人為的におこなう祭祀（周祭）のみによって季節（太陽年における時期）を表示するという、きわめて特殊な暦が使用されていたのである。

本書は、仮にこれを「周祭暦《しゅうさいれき》」と呼称する。周祭暦には冬期ではなく夏期が年初であるという特殊性もあり、古代文明でもまれに見る特異な暦であった。

一方、殷末の金文にも年次の記述が見られ（前掲の図表48参照）、周祭の記録が併記されているものも多いが、祭祀に対して月次がずれていかない。例えば祭系であればすべて八月から十二月に収まり、彡であればすべて十二月から四月におこなわれている（図表49参照）。

要するに、周祭暦は王の周辺だけで使われていたのであり、それ以外には普及しなかったのである。王が主宰する祭祀だけで季節を表示するという方法は、おそらく王の周辺以外では不便だったのであろう。金文の記録では、太陽年を基準にした周祭が月次とおおよそ一致するのであるから、一般には太陰太陽暦が使い続けられていたことになる。

第五期の期間の修正

従来の研究では、甲骨文字（王の周辺）と金文（一般）では暦法が違うことに気づかず、無理に同一の暦として復元していた。さらに前述のように、「王ロ祀」を「王廿祀」と読んでいたこともあり、第五期の年数が間延びしていた。簡単に言えば、第五期を長期間として想定することで、甲骨文字や金文の記述が適合する年月日を強引に増やしていたのである。

例えば董作賓『殷暦譜』は、第五期を二世代で九十八年という非常に長い期間とし、それによって甲骨文字や金文の周祭記録を収めている。島邦男『殷墟卜辞研究』は、それよりは整理されたものの、やはり殷末の周祭記録に対して五十一年という長期間を想定している。また、いずれの研究も周祭の期間が一定しておらず、太陽年に一致していないので、実在した暦として不自然な部分もある。

そのほか、常玉芝『商代周祭制度』は第五期を三世代の王にわたる時代と見なすが、これも甲骨文字と金文の周祭記録を無理に収めようとした結果である。

筆者は二〇〇二年に殷末の暦を再検討し、従来の研究における問題点を発見するとともに、周祭暦が正確に太陽年を基準にしていることを明らかにした。そして、甲骨文字の周祭記録や王○祀の記述を並べ直した結果、第五期の周祭記録は三十二年に収まることが判明した。具体的には、文武丁が十六年、帝辛が十六年であり、「王口祀」は文武丁が即位十六年目に死去した直後から、翌年の年末まで用いられていた。金文の記録はさらに期間が短く、文武丁九祀から帝辛七祀に収まっている（近代の偽作を除く）。ただし、周祭が併記されていないものも含めれば、甲骨文字には十六祀より多い年数記録があり、帝辛の何年に殷が滅びたのかは明らかではない。

そして、暦の復元により、甲骨文字と金文の月次のずれが始まるのが文武丁九祀であることも判明した。王の周辺では、文武丁の八祀か九祀に太陰太陽暦が停止され、周祭暦に移行したのである。

戦争の年代

殷代末期における最大の戦争は、東方に存在した人方への遠征であり、前後九ヶ月にわたる大事業であった。かつての研究では人方をきわめて遠距離にあった敵対勢力と考えており、これは日程のすべてを遠征の往復途上と見なしたためである。

しかし、筆者が人方遠征の日程について再検討したところ、殷王は都の商を出て西方の亳（殷代前期の都）などを歴訪した後、いったんは都に戻っていることが判明した。遠征日程のうち、最初の二ヶ月は人員の徴発や物資の徴用だったようだ。

その後、人方に向かって再出発しており、都から戦地までは約二十日の道程であった。従来の研究が想定していたよりは王都に近い地域である。そして、戦闘も二十日ほどで終了しており、人方に近い攸侯の協力を得て殷の側が勝利した。殷王は一ヶ月ほど攸侯の支配地にとどまって視察や軍事訓練をおこない、その後、往路と同じく約二十日をかけて都に帰還した。殷王は帰還後も数ヶ月にわたって王都の周辺地域で行動しており、人員の還送を兼ねて戦勝を宣伝し、支配体制を強固にしようとしたと思われる。

この人方遠征であるが、かつての研究では暦の復元に失敗していたため、個々の出来事の前後関係も食い違っており、帝辛の時代におこなわれたと考えられていた。

しかし、人方遠征においては往復の途上でも周祭が挙行されているが、例えば彡は十二月の下旬に始まっており、金文の暦（太陰太陽暦）にかなり近いので、周祭暦が採用されて間もないことが分かる。つまり、人方遠征は帝辛代ではなく、それより前の文武丁代におこなわれていたのである。

そして、甲骨文字における人方遠征の記述には「王十祀」を併記したものがあり、文武丁十祀の事件であることが特定できる（図表50参照）。

従来の研究では、人方遠征を帝辛十祀としていた。しかし、そのように仮定すると、遠征

	年次	片数	戦争
帝乙代	1～4	23	
	5～8	16	
	9～12	17	盂方反乱
	13～16	5	
	17～20	0	
帝辛代	1～4	4	
	5～8	8	
	9～12	6	人方遠征
	13～16	4	
	17～20	18	
	21～24	5	
	25～	3	

A従来の研究と甲骨片数（島邦男『殷墟卜辞研究』を元に筆者が作成）

	年次	片数	戦争
文武丁代	1～4	3	危方・三邦方討伐
	5～8	4	
	9～12	12	人方遠征
	13～16	17	
帝辛代	1～4	41	
	5～8	26	盂方反乱
	9～12	10	
	13～16	5	

B実際の年代と甲骨片数（落合淳思「殷末暦譜の復元」などによる）

図表50　殷末の戦争と周祭の甲骨片数

の成功の後に殷王朝が滅亡したという年代順になってしまい、整合性がなくなってしまう。

殷が東方の経営で疲弊した隙に西方から周が侵攻したという強引な解釈がされることもあったが、殷末において王の臣下が作った金文では、人方遠征の勝利が賞賛されており、「王朝の疲弊」という状況は読み取れない。そもそも人方遠征には勝利しているのであるから、西から周が攻めてきたならば、人方に勝利した軍事力を西に向ければよいだけのことである。

しかし、人方遠征は早い段階におこなわれたことが判明したのであり、これにより年代順に、軍事力の強化―人方遠征の成功－王権の強化－盂《う》の反乱－殷の滅亡という整合的な解釈ができるようになった（人方遠征より後については次項以後に詳しく述べる）。

なお、そのほかの戦争の年代について、危方との戦争は即位年数や周祭記録が併記された例はないが、文武丁が人方遠征の帰路において危に立ち寄る記述があるので、文武丁十祀より前であることが確実である。また、北西方面の羌など四邦方との戦争（実際の戦闘は三邦方）も、同様に年数は不明であるが、前述のように文武丁が人方遠征の前に西方の亳付近で行動しているので、文武丁十祀の段階ですでに四邦方の脅威も取り除かれていたと見るのが妥当であろう。

王権の増大

文武丁は、軍事訓練の日程を増やし、軍隊を強化して各地の敵対勢力に戦争で勝利した。また、先王への祭祀を頻繁におこない、自己の宗教的権威を高めることを図った。こうした文武丁の政治方針は、おおまかに言って「集権化政策」と呼ぶことができるだろう。四邦方や危方・人方といった敵対勢力が再出現していた状況において、その政策は一定の成果を挙げたのである。

そのほか、文武丁代における王権の増大を示すものに金文がある。それまでの金文では、図象《ずしょう》記号《きごう》や祭祀対象の父祖名だけが記されていた。図象記号とは、青銅器を作った人物（作器者）が所属する集団を表す記号であり、十干を付した諡号とともに殷文化で広く普及した慣習である。殷王の臣下が作った青銅器は、祖先を祀る器として使われたため、当初は金文には図象記号と父祖の諡号があれば十分であった。

しかし、文武丁代になると長銘の金文が出現する。金文の例を図表51に挙げたが、右は殷代後期によく見られる短銘であり、「□」が図象記号、「父癸《ふき》（□）」が祭祀対象である。一方、左は殷末の長銘であり、最下部の「□（亜矣《あぎ》）」が図象記号、文中の「母癸《ぼき》（□）」が祭祀対象であるが、それだけではなく、次のように作器者と殷王との関係が記されている。

図表51　殷代の金文（右：『殷周金文集成』1673、丙父癸鼎。左：同9249、小臣邑斝）

・癸巳《きし》、王小臣邑《おうしょうしんゆう》に貝十朋《かいじっほう》を賜《たま》う。用《もっ》て母癸《ぼき》の障彝《そんい》を作《つく》る。惟《こ》れ王《おう》の六祀彡日《ろくしさんじつ》、四月《しがつ》に在《あ》り。亜矣《あぎ》。

〇癸巳の日、王は臣下である邑に貝十朋を与えた。〔邑は〕そこで母癸を祀る器を作った。この日は王（帝辛）の即位六年目で彡日の祭祀があり、四月であった。亜矣。（原典は図表51）

王の臣下である邑という人物が、何らかの功績で王から子安貝を十朋（貝殻の束を十個）与えられ、それを記念して母親を祀る青銅器を作ったという記述である。当時は南方の海浜で採取される子安貝の貝殻が貴重品とされており、紐《ひも》を通す穴を開けて束にしたものが「朋」である（本章の扉を参照。183頁）。さらにこの金文では、王が挙行した周祭も記録されており、彡の祭祀がおこなわれた日であったことを述べている。

殷王が主宰した祭祀については、王の権威を高めるために公開されていたが、一方、一般的には自身が所属する集団以外には祖先祭祀が非公開だったと考えられている。だからこそ、それまでの金文では図象記号と祭祀対象が記されていれば十分であり、王との関係が記録されることはなかったのである。

しかし、殷末に王の権力が増大すると、金文の内容にまで影響が及ぶことになった。図象記号で表される集団は、その内部にも複数の家系が存在しており、作器者は王と自身の関係を具体的に記すことで、所属する集団内で自己の立場を優位にしようとしたと推定される。

西周代の金文では、むしろ王と作器者の関係を記すものが多いため、従来はこの点にあまり関心が持たれていなかったが、王の権力が金文の内容にまで及んだのは、実は文武丁代が最初なのである。

また長銘の金文は、王が配下の人物（作器者）に貴重品を賜与したことを記すものが多いが、殷末の金文では賜与物が貝にほぼ限定されている。殷代の子安貝は「貝貨《ばいか》」と呼ばれることもあるが、現代の貨幣とは性質が異なる。子安貝は、当時の墓葬から死者が口に含んだ状態で発見されており、呪術的な価値から貴重品とされたと考えられている。

子安貝は南方の海浜で産出するため、殷王朝では交易のルートを確保できた人物、すなわち王だけが大量に獲得できたようである。そのため、王は意図的に自己の権力の象徴として貝を賜与したのである。

しかも、王から貝を与えられた臣下が、さらに貝をその臣下に分配するという記述も金文には見られる。つまり、王を頂点とする権力構造が貝の流通によって視覚化されたのである。

こうした王権の増大を示す現象は、人方遠征がおこなわれた文武丁十祀の前後に集中して始まっている。現存の資料では、年代が併記された長銘の金文は、文武丁九祀のもの（嶲挿《けいそう》卣《ゆう》という器）が最初であり、また甲骨文字の周祭の記録も文武丁十一祀に増加している（その後減少し、十五祀に再び増加する。前掲の図表50参照。209頁）。

特殊な暦である「周祭暦」についても、文武丁七祀までは祭祀と月次のずれがなく、その後、文武丁九祀に置かれるはずの閏月が置かれていないので、文武丁の八祀か九祀に始められたことになる。暦を定めることは、後の時代でも権力者の特権とされており、文武丁も特殊な暦を制定することで自己の権力を示そうとしたのであろう。

このように、人方遠征の成功とあわせて、文武丁十祀の前後に王権が強められたと考えられるのであり、集権化政策はいったんは成功していたのである。

盂の反乱と殷の滅亡

文武丁の時代には、第三期に始まった支配体制の動揺に対して、軍事力を強め、各地の敵対勢力に戦争で勝利した。また、特殊な暦を制定し、それに基づいて盛んに祭祀を実施するなどして王の権威を高めていた。

これを継承したのが、後に「紂王」と呼ばれる帝辛である。帝辛は、文武丁と同じく頻繁に軍事訓練や祭祀を実施し、また周祭暦の使用や貝の賜与も引き続きおこなっている。甲骨文字における周祭の記録数は、帝辛代の初期が最盛期であり、一見すると帝辛の王朝経営は順調だったかのように思われる。

しかし、その繁栄は長くは続かなかった。殷王朝が衰退するきっかけになったのは、盂の反乱である。

従来の研究では、系譜や暦が誤認されていたため、盂との戦争は「帝乙」の時代と考えられていた。しかし、盂を征伐することの占卜に併記された周祭の記録では、十月上旬に翌の祭祀が始まっており、これは周祭暦が採用されてから十五年ほどが経過したことを示している。したがって、盂の反乱は帝辛代に発生した事件なのであり、具体的には帝辛七祀の暦に該当する。次に挙げたものは、盂との戦争を記した甲骨文字である。

・丁卯王卜《ていぼうおうぼく》して貞《と》う、今《いま》、冎巫九咎《かふきゅうきゅう》し、余其《よそ》れ多田《たでん》…多伯《たはく》を従《したが》え、盂方伯炎《うほうはくえん》を征《せい》せんか。叀《こ》れ衣翌日《みなよくじつ》歩《ゆ》き、…左《さ》、上下《じょうげ》より馭示《し》に于《お》いてするに、余祐有《よゆうあ》るを受《う》け、𡆥ならず、𢦏《か》つか。…茲《こ》の大邑商《だいゆうしょう》に…するに、壱亡《たたりな》きか。禍《か》に在《あ》り。…「弘吉《こうきち》なり」と。十月《じゅうがつ》に在《あ》り、大丁《たいてい》の翌《よく》に遘《あ》う。

○丁卯の日に王が甲骨占卜をして占った、今、冎巫九咎（意義不詳）し、私は多くの田（王畿の都市）…多くの伯（領主）を従え、盂方の首長である炎を征伐しようか。みな翌日に行き、…左、上下から馭示（祭祀儀礼か）においてするが、私は神の祐助を得て、𡆥（凶事の意）

ではなく、勝つか。…この大邑商で…するが、祟りがないか。禍（ここでは地名の用法）においで〔占卜した〕。…「弘吉（大吉と同意）である」と。〔占卜は〕十月であり、大丁の翌（祭祀名）の日であった。

・…に在《あ》りて貞《と》う、旬《じゅん》に禍《わざわい》亡《な》きか。…「弘吉《こうきち》なり」と。三月《さんがつ》に在《あ》り、甲申《こうしん》、小甲《しょうこう》に祭《さい》し…惟《こ》れ王盂方伯炎《おううほうはくえん》を征《せい》するより来《き》たる。

○…において占った、次の十日間に禍はないか。…「弘吉である」と。〔占卜は〕三月であり、甲申の日に、小甲に祭（祭祀名）し…これは王が盂方の首長である炎を征伐してから帰ったときのことである。

前者は、王畿の諸都市などを動員し、盂の伯（首長）である炎《えん》という人物を討伐することを占っている。後者は、盂の討伐が成功して王都に帰還した後の記述である。

盂は、第三期・第五期の甲骨文字では殷王が頻繁に狩猟をおこなっており、しかも一日で「往来」しているので、都の近くにあった王の直轄都市と考えられる。盂については、第一期の甲骨文字に一例だけ「盂方」とする記述があるが、それも盂の首長に対して帰参を命令することの占卜であり、戦闘には言及されていない。

盂は長い間、王畿における殷王の支持勢力として存在していたのであり、それが帝辛代に反乱を起こして「盂方」と呼称されたのであった。王畿内部における反乱は、現存の資料では一二間期の召方以来の出来事である。

帝辛による盂の討伐自体は成功したが、そのころから殷の衰退が始まったようであり、甲骨文字の数量が減少する。「王〇祀」や周祭の記録から年月が判断できる甲骨文字は、帝辛代の初期が最も多く、そして盂の反乱が起こった帝辛七祀の後に急激に減っている（前掲の図表50参照。209頁）。また、殷末の金文についても、王との関係を記すものは帝辛七祀（亜魚《あぎょ》鼎《てい》という器）が現存の資料では最後である。

前述のように、文武丁十祀前後に王の権力が強められ、それと同時期に、甲骨文字の周祭記録や王からの賜与を記す金文が増加したのであるから、逆に盂の反乱以降にそれらが減少したことは、王の権力が低下したことを示していると考えてよいだろう。

したがって、盂の反乱は一過性のものではなく、殷を衰退させる契機になったのであり、そして最終的に周の攻撃によって殷王朝は滅亡したのである。

なお、盂の反乱以後は同時代の文字資料がきわめて少なくなり、また周王朝の成立期についても金文などがごく僅かしか発見されていないため、殷が滅亡した年代は正確には特定できないが、紀元前十一世紀の後半であることは多くの研究者の間で一致した見解である。

ところで、周は殷文化圏内では最も西方に位置しており、いわば辺境勢力であった。なぜ

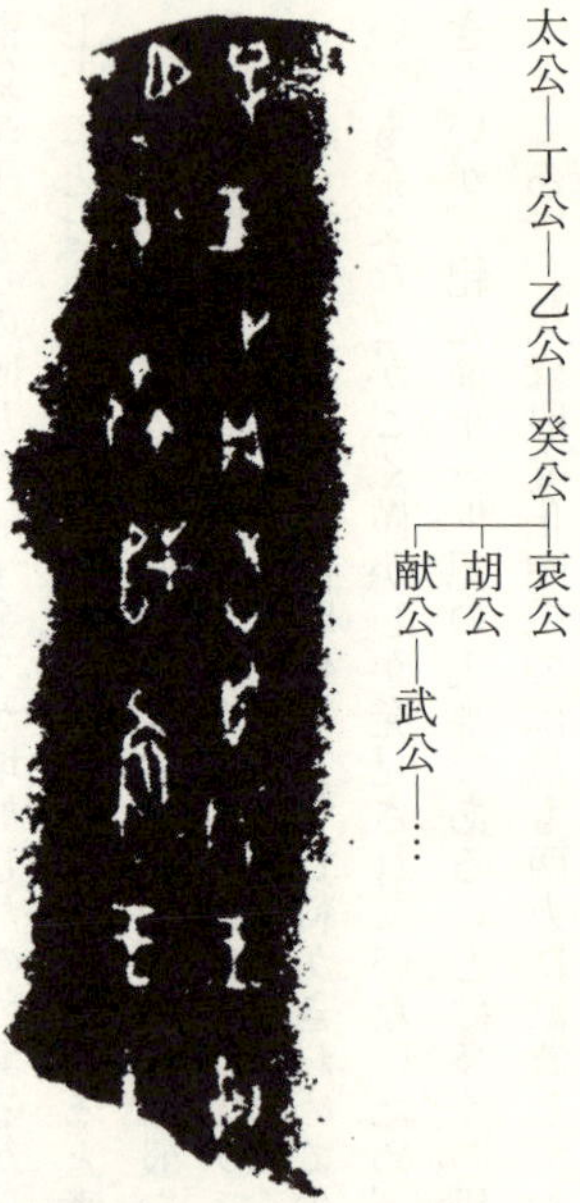

図表52　西周代の斉の系譜と殷代の斉の記述（系譜：『史記』斉太公世家、甲骨文字：『甲骨文合集』36805）

その周が殷に勝利できたのかというと、殷の配下の人々が数多く離反したためと推定される。周代の諸侯である斉も、殷から離反した勢力のひとつであった。第2章でも述べたが、西周代前期の斉の系譜には、丁公や乙公など十干を諡号に用いるという殷文化との共通点が見られる（図表52参照）。斉は後に「姜姓」を自称したが、西周王畿の姜姓勢力は諡号に十干を用いていないので、実際には斉は殷系の勢力であり、殷末周初のいずれかの時期に周の側についたことになる。

斉は、西周代後期において周王の内政干渉を受けて哀公《あいこう》が殺され、その後、周系の諡号が使用されるようになった（「哀公」は諡号なので命名は胡公《ここう》による。図表52参照）。「姜姓」を自称したのも、おそらくそれ以後であろう。

斉が殷系の勢力であることは、甲骨文字からも確認でき、次のように殷末の甲骨文字には殷王が斉（）に滞在したことが記されている。

・…巳王卜《しおうぼく》して貞《と》う、旬《じゅん》に禍《わざわい》亡《な》きか。王占《おううらな》いみて…月《がつ》に…斉《せい》の餗に在《あ》り、惟《こ》れ王《おう》の十《じゅう》…

○…巳の日に王が甲骨占卜をして占った、次の十日間に禍はないか。王が占って…月に…斉の駐屯地において〔占卜し〕、これは王の十…（原典は図表52）

・癸丑王卜《きちゅうおうぼく》して貞《と》う、旬《じゅん》に禍《わざわい》亡《な》きか。十月又一《じゅうがつゆういち》に在《あ》り、斉《せい》の餗に在《あ》り。

○癸丑の日に王が甲骨占卜をして占った、次の十日間に禍はないか。十一月のことであり、斉の駐屯地において〔占卜した〕。

前者は欠損部分が多いが、末尾の「惟王十…」から、文武丁十祀におこなわれた人方遠征の途上における記述と推定される。後者は人方遠征の日程に合わないので、別の年次のものである。いずれも斉の餗（駐屯地）に殷王が滞在しており、斉が殷王朝の支配下にあったことが分かる。

斉のほかにも、甲骨文字には、殷王の軍事訓練地として召（・）が記されているが、

西周初期の金文には、初代の武王や第二代の成王《せいおう》の補佐をした人物として「召公《しょうこう》」が見られる。これも同様に、王畿内の都市の領主が殷から離反して周の側についたものと考えられている。

西周代の金文のうち、召公の配下が作ったものは殷系の特徴を持っており、これも召公がもとは殷系の勢力だったことを示している。召公は、周王朝成立後には旧殷王畿で軍事担当者として活躍した。

周王朝の王畿で作られた金文にも、殷系の人々が作ったものが少なくない。周系の勢力は図象記号や十干を付した諡号を使わなかったが、周王畿で作られた金文にはそれらを用いるものが比較的多くあり、例えば前掲の「」や「」などの図象記号も、殷金文だけではなく西周金文にも見られる。

そうした人々が積極的に殷から離反したのか、それとも殷滅亡後にやむなく周王朝に従ったのかは分からないが、西周金文の図象記号からは、周王が殷系の人々の一部を周王畿に移住させ、その力を借りて王朝を経営していたことが知られる。その後、西周後期になると周系の人々が力を増し、また殷系の人々も周文化を受容するようになったため、殷文化の特徴を持つ金文が急速に減少する。

反乱の原因は何か

殷王朝を衰退させる契機になったのは、王畿内部の都市であった盂の反乱である。なぜ盂は反乱を起こしたのか。そして、なぜその後も多くの勢力が殷王朝から離反したのか。『史記』は紂王（帝辛）の暴政によって殷が滅びたという伝説を掲載するが、すでに述べたように、「酒池肉林」などは戦国時代に作られた説話にさらに尾鰭《おひれ》がつけられたものであった。そもそも、帝辛だけに王朝滅亡の責任があると見なすこと自体、春秋時代に形成された伝説であり、『尚書』などの文献資料に初めて見られるものである。

西周代においては、殷王朝全体が堕落したため天命を失ったと主張されていた。次に挙げたものは、西周金文に記された周王の言葉であり、殷王朝は支配層の人々がすべて酒に溺れたから滅亡したと述べている。

・我《われ》聞《き》く、殷《いん》の命《めい》を墜《お》とせるは、惟《こ》れ殷《いん》の辺侯田《へんこうでん》と殷《いん》の正百辟《せいひゃくへき》とが率《ひき》いて酒《さけ》に肆《なら》いたればなると。故《ゆえ》に師《し》を喪《うしな》えり。

〇私はこう聞いている、殷が天命を墜としたのは、殷の辺侯田（領主）と殷の正百辟（王都の臣下か）とがみな酒に溺れたからであると。そのため軍勢を失ったのである。（原典は図表53の一行目十文字目から三行目一文字目）

殷代後期には、周は殷王朝の支配下にあったので、客観的に見れば、周が殷を滅ぼしたことは一種のクーデターにすぎない。現実としては、殷から離反した勢力を周が吸収し、最終的に武力で討伐したことが勝因なのである。しかし、それでは正統な王朝として認知されない。そこで、周は自己が主神とする「天」への信仰を利用し、殷が「天命（天の命令）」を失ったと主張することで、自己の行為を正当化したのである。

このように、西周代の資料までさかのぼっても政治的宣伝しか見られないのであり、殷末に起こった反乱の原因は特定できない。一方、殷代の資料から見ても、甲骨文字は王の側が作ったものであるため、反乱に至る経緯は記されていない。

そのため、現状の資料では、なぜ盂が反乱したのかという疑問に対して、直接の回答は得られないのである。しかし、殷王朝の歴史と殷末の政策を考え合わせることで、ある程度の推測は可能になる。

図表53　西周金文の天命思想（『殷周金文集成』2837、大盂鼎の一部）

一般的に言えば、王が権力を強めることは、地方領主などが権力を弱められることを意味するため、集権化政策はどのような時代でも必ず反発を伴うことになる。殷王朝の場合にも、盂が反乱を起こしたことは仮に偶発的だったとしても、殷王による集権化政策が進んだことに地方領主や都市の首長は反発しており、遅かれ早かれ反乱の発生を招くものだったのではないだろうか。

本書で述べてきたように、殷代の支配体制は間接統治を基本としており、後代の王朝に比べれば弱いものであったが、それによって王朝が再統一され、さらに安定化が達成されていた。政治知識や軍事技術などが未発達な段階においては、集権的な体制よりも分権的な体制の方が王朝が安定することが多いのである。

したがって、第三期に始まった支配体制の動揺に対処するためだったとしても、第五期におこなわれた王の集権化政策は、それ自体が殷王朝をくつがえす原因になったことは想像に難くない。

もっとも、文武丁や帝辛が集権化を進めなければ、敵対勢力がさらに強力になり、その攻撃によって殷王朝が滅亡していた可能性もある。もしかしたら、伝統的な分権政策であっても、新しい集権化政策を採用したとしても、殷の滅亡は避けられない事象だったのかもしれない。

終章　殷王朝の歴史的位置

『殷周金文集成』4320、宜侯夨簋。周代初期に夨（そく）という人物が封建されたこと（正確には虎から宜への転封）を記している。

殷王朝の政治的変遷

殷《いん》王朝は、紀元前十六世紀に成立して紀元前十一世紀に滅亡するまで、五百年以上も存続した。ただし、その政治体制は固定的なものではなく、殷代後期に限っても二回の大きな変化があった。ここで殷王朝の歴史をもう一度まとめてみたい。

殷王朝の前期（紀元前十六～前十四世紀）および中期（紀元前十四～前十三世紀）については、文字資料がほとんど発見されていないため、政治体制について詳しくは分からないが、本書の第1章で述べたように、考古資料や殷代後期の甲骨文字《こうこつもじ》から分析すると、前期は安定して領域を拡大したが、中期には分裂して複数の王統に分かれたと推定される。

分裂期は百年ほど続いたが、武丁《ぶてい》という王によって王朝が再統一され、それ以降が殷代後期（紀元前十三～前十一世紀）となる。

殷代の支配体制は分権的であり、第2章で述べたように、遠方の地方領主は、本拠のほかその周辺にあった多数の鄙《ひ》（小都市や集落）も領有していた。当時の地方支配は間接統治の形態だったのである。遠方の地方領主は自立的な力を持っており、殷王が戦争において動員する場合にも、敵対勢力に近い領主だけしか動員の対象にできなかった。

一方、王都の近傍地域は殷王の直轄地であり、王は疐《ち》・軎《けい》・召《しょう》・盂《う》などの王都周辺の都市を直接的に支配した。武丁代より後の甲骨文字には、殷王がそれらの都市で定期的に狩猟をしたことが記されているが、狩猟は軍事訓練や視察を兼ねた政治的行為であり、また王の軍隊を人々に見せることで権力を誇示する働きもあった。

このように、殷王は王都の周辺のみを強く支配しており、その地域を王畿と見なすことができる。王による人員徴発もこの地域だけを対象とすることが多く、中国では後代の王朝が何十万人という軍勢を動かしたのとは対照的に、殷代には数千人にとどまっていた。

こうした軍事力による物理的な支配のほか、第3章で述べたように、殷王は盛んに神々を祀っており、精神的な面からも人々を支配していた。王による祭祀は、必ずしも純粋な信仰心からおこなわれたのではなく、王の宗教的権威を確立するという意図を持って実施されていたのである。

さらに、殷代の祭祀では、家畜や人間が犠牲（生けにえ）にされていたが、これも王朝の支配と関係していた。当時は生産効率が低かったため家畜は貴重であったが、王はそれを祭祀で大量に使用することにより、自己の経済力を人々に示したのである。また、殷王朝では戦争捕虜を家内奴隷にしていたが、奴隷に余剰があった場合、殷王はそれを祭祀の犠牲として使用することで、自身の軍事力を誇示していた。

殷代において最も重要な宗教儀礼は、家畜の肩甲骨や亀の甲羅を使った占いである甲骨占卜《こうこつせんぼく》であり、殷王はそれによって王朝の政策を決定していた。殷代の同時代資料である甲骨文字も、甲骨占卜の内容を記録したものである。

ただし甲骨占卜は、名目上は神意を知るための手段であるが、実際には政治的に利用されたものであり、事前に甲骨に加工が施され、王が望んだ結果を出せるようになっていた。殷王朝の政治は、神への祭祀や甲骨占卜を重視したため「神権政治《しんけんせいじ》」と称されるが、その実態は「神に頼った政治」ではなく、「神の名を利用した政治」だったのである。

本書の第4章から第6章では、殷代後期について政治的推移を述べた。紀元前十三世紀の後半にあたる武丁の時代は、王朝を再統一した中興期であり、さらに戦争によって周辺の敵対勢力も撃退した。武丁は軍事力による支配だけではなく、自然神や祖先神を盛んに祭り、また帝への崇拝を司ることで自身の宗教的権威を高めていた。そのうえ、武丁は甲骨占卜の記録を改竄して神秘的能力があることを装うなどもしており、カリスマ性を高めるという方法も支配に利用していたのである。

しかし、武丁の死後、紀元前十二世紀になると政治の転換がおこなわれ、周辺勢力との外交では平和政策が採用された。また定期的に王都近傍の都市で狩猟をおこない、それによって軍隊を訓練し、同時に王畿を強く支配することが志向された。信仰の面でも、自然神や帝への信仰が弱められ、甲骨占卜の改竄もほとんど見られなくなっている。これらの政策は、支配体制の機構化と呼ぶことができるだろう。

こうして殷王朝は、紀元前十二世紀に安定期を迎えたのだが、紀元前十一世紀に入るころに王朝支配の動揺が始まる。殷王朝に敵対する勢力が再び出現したのである。

この状況に対し、殷王の文武丁《ぶんぶてい》は軍事訓練の回数を増やして軍隊を強め、それらの勢力に戦争で勝利した。特に人方《じんぽう》に対しては、殷代後期でも最大規模の遠征をおこなって撃破している。文武丁の時代には集権化が進められており、軍隊の強化のほか、周祭《しゅうさい》の盛行や特殊な暦《こよみ》の使用、子安貝を用いた主従関係の確認などが見られる。

しかし、集権化政策は文武丁を継いだ帝辛《ていしん》の時代に破綻した。王畿内部の都市である盂が反乱を起こし、その鎮圧には成功したものの、それ以降、殷王朝は衰退し、紀元前十一世紀の後半に滅亡したのである。

現存の資料には反乱の原因は記されていないが、集権化そのものが地方領主や都市の領主の反発を招いたのではないかと推定される。殷王朝は、それまでは弱い支配体制を敷いており、短期間で強い支配体制に転換することには無理があったのであろう。

殷王朝の遺産

古代中国では、後述するように、西周《せいしゅう》王朝（紀元前十一～前八世紀）の時代に封建《ほうけん》制や貴族制が成立し、殷王朝よりも安定した支配体制を構築した。

さらに戦国《せんごく》時代（紀元前五～前三世紀）には、君主の独裁権力が出現し、成文法《じょうぶんぽう》によって管理された社会となった。この時代には貴族制が徐々に崩壊し、それに代わって君主が官僚を登用するようになり、また農民から徴兵する制度も整えられた。戦国時代には、貨幣経済の普及や「諸子百家《しょしひゃっか》」と称される高度な思想の発達も見られる。

殷王朝はそれらの基礎になったものの、殷代の政治体制は直接には後代に残っていない。ただし、文明という面から見た場合、殷代の文化や技術は後代に大きな影響を与え続けたのである。

文明において何よりも重要なものが文字の発明である。文字がなければ高度な文化や思想を形成することは難しいのであり、甲骨文字などに始まる漢字の発達とともに中国の文明は成長したのである。さらに、漢字は言語体系が異なる日本や朝鮮半島などでも使われており、東アジアの共通語（書き言葉）として、中世や近世でも機能し続けた。

また、甲骨文字の中期以降に見られる祖先祭祀への偏重も周代に継承されており、周王朝を主体とした祭祀には原始信仰がほとんど確認できない。祖先への祭祀儀礼は、形を変えながらも後の儒学に引き継がれ、さらに中国で発達した大乗仏教にも一部が取り入れられた。甲骨文字に記されている個々の祭祀についても一部が継承されており、『礼記《らいき》』などの文献資料には、殷代におこなわれた蒸《じょう》（）や禘《てい》（）などの祭祀が後代にも実施されたことが記されている（ただし、祭祀の意義は時代とともに変わっている）。

後代に残った分野としては、そのほかにも暦の作成に必要な天文学の知識、あるいは建築や工芸に必要な数学の知識などがある。

そして、甲骨占卜についても周王朝に継承され、殷代と同じく神意を知るための手段として用いられた。さらに、甲骨占卜は東アジアに広く普及し、日本でも主に神事として実施された。一部の地域では、現在でも卜骨《ぼっこつ》による占卜儀礼が残っている。

以上の分野は「ソフトウエア」としての性質が強いが、「ハードウエア」の面でも殷代の文化は後代に伝えられた。特に、古代文明の技術の結晶とも言える青銅器は、現代の人々もその美しさを賞賛するほどであり、若干の退化や技法の変化があったものの、後の時代に技術が受け継がれた。また中国では、青銅器の製作が減少した後も、陶磁器のデザインとして祭礼の器が模倣されている。

都城の建設についても、版築《はんちく》城壁で都市を囲うという工法は、後代においても長く用いられた。また、王都には内部に池を配することが殷代前期からおこなわれていたが、周王朝や前漢《ぜんかん》王朝（紀元前三〜後一世紀）の都にもそれが見られる。さらに後の唐《とう》王朝（七〜十世紀）の首都である長安《ちょうあん》城でも、宮殿区画には池が設けられている。

王の権力を誇示する必要性から、宮殿も初期の王朝ですでに巨大なものが造営されており、回廊《かいろう》建築や内側に柱がない殿堂《でんどう》建築が見られる。

図表54に、殷王朝に先行する二里頭《にりとう》遺跡の宮殿の発掘風景と復元図を挙げた。中央やや北に巨大な殿堂があり、また約百メートル四方の宮殿全体を廊下が取り囲む構造になっている。宮殿の南側には、屋根つきの大門も作られている。こうした建築方法も、後の時代の宮殿や、さらには仏教建築に大きな影響を与えた。

衣服も初期の王朝に起源があり、日本の「和服」は、隋唐《ずいとう》時代の服装を元にしているが、甲骨文字の「衣（）」は衣服の襟《えり》の部分を表現した形（上部が奥襟、下部が前襟）であり、すでに後代と同じように前で合わせる服装だったことが分かる。

また、現在では伝統行事や時代劇ぐらいでしか見られないが、かつては男女ともに髷《まげ》を結う文化が東アジアに広く普及しており、これも殷王朝の段階で存在していた風習である。古代中国では髷を結うために簪《かんざし》が用いられており、「夫（）」は人の正面形である大（）に簪を表す横線を加えた形であり、同様に「妻（）」も簪をつけた女（）を表している。

　中国は、現代でこそ発展が遅れた地域と見なされるが、古代だけではなく中世・近世でも高度な文明を誇っていた。歴代の王朝には、整った官僚機構や巨大な経済構造があり、そのほか、都城・運河の建設技術や陶磁器の製作技術など、多様な面で世界最高水準を維持していた。西欧列強が世界各地に進出する原動力となった火薬や羅針盤なども、もとは中国で発明されたものである。殷王朝は、こうした中国文明の原点として位置づけられる。

図表54　二里頭遺跡の一号宮殿（杜金鵬・許宏主編『偃師二里頭遺址研究』。上：発掘風景、下：復元図）

　一方、近代化という視点から言えば「負の遺産」と呼ぶべきものも存在し、それは君主独裁制の基礎を形成したことである。

　甲骨文字の中期以降、原始信仰を抑制し、先王への祭祀を通して王の宗教的権威を高める政策が採用された。さらに殷末には王による集権化が図られ、後述するように、この方針が周王朝にも継承された。その結果、中国では政治的権力と宗教的権威が支配者に集中するようになり、これが最終的には戦国時代に成立した君主独裁制、そして秦《しん》王朝の中国統一（紀元前三世紀）へとつながったのである。

中国は広大であるため、独裁的な支配が崩れると各地で群雄割拠が発生し、内乱へと至ることが常であった。そのため、前漢王朝や唐王朝前半期など、安定した時代は必ず独裁制によってもたらされた。一方、分権が進んだ場合には、三国時代《さんごく》（三世紀）や五代十国時代《ごだいじっこく》（十世紀）など長期間の内乱をもたらした。

したがって、近代以前においては、独裁制はある種の必要悪だったと言えるかもしれない。しかし、現在においても中国では独裁制が続けられており、近代化を阻害する最大の要因になっていることも事実である。また、独裁制の継続は、思想の自由や人権概念の発達などを妨害する原因にもなっている。

周王朝の新制度

本書の最後に、周王朝の支配体制について簡単に解説しておきたい。殷王朝の末期には、支配体制の動揺に対処するため、文武丁が軍隊を強化し、また集権化を進めた。この政策は、いったんは成功したが、最終的には文武丁を継いだ帝辛の時代において、反乱の発生という形で破綻し、そして殷王朝は滅亡した。

しかし、殷末の政策は、殷を倒した周王朝に継承されたのである。周王朝は、殷末の王と同様に軍隊の強化に努め、周王畿の軍隊である「周六師《しゅうりくし》」のほか、殷に服していた人々を再編して「殷八師《いんはっし》」を創設した。また周王の宗教的権威を確立するため、周の主神であった「天」への信仰を広め、王自身を「天子（主神である天の子）」とした。このように、周王朝の制度は、殷末から改変された部分もあるが、集権化という方向性は同じであった。

さらに周王朝は、殷代には見られなかった画期的な制度も創始しており、それが「封建」である。周は殷を滅ぼした後、その支配地域の大部分を継承したが、各地に王の子弟や臣下を派遣し、諸侯（地方領主）としたのである。

本書の第2章で述べたように、殷代後期の甲骨文字には確実な封建の例が見られないので、武丁は王朝を再統一したものの、旧来の勢力を排除することまでは難しかったと思われる。そのため、地方統治においては土着の領主をそのまま追認する形になっており、結果として殷王朝は弱い支配体制になった。

一方、周王朝は、殷という伝統的権威が消滅した隙を利用したとはいえ、短期間で殷王朝よりも強力な支配体制を構築することに成功した。周王朝の封建制度においても諸侯は自立的な存在であり、周王が諸侯に対して内政干渉をした例は多くないが、血縁関係や君臣関係

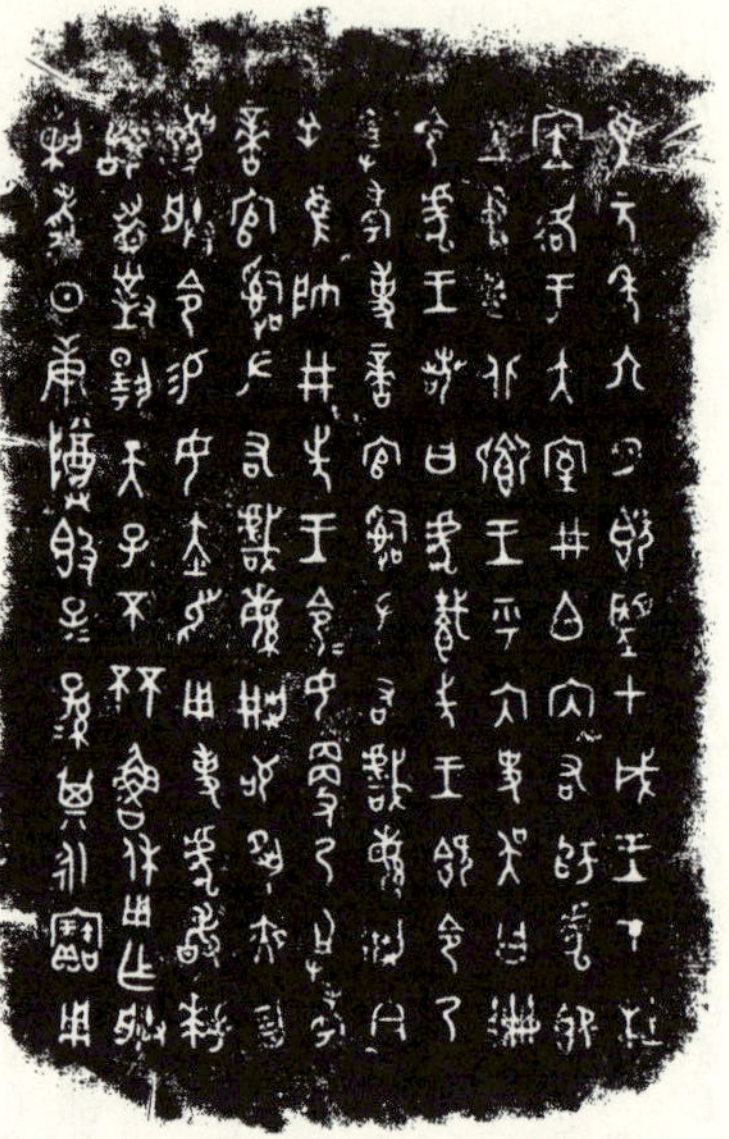

図表55　西周代の冊命金文（『殷周金文集成』4316、師虎簋）

を地方統治に及ぼすことにより、支配体制が安定化し、殷代のように配下の領主が反乱することはほとんど起こらなくなった。

　そのほか、西周王朝では殷代にはなかった農奴制も実施されており、男は「臣《しん》」、女は「妾《しょう》」と呼ばれた。それに代わり、殷代に盛行した人身犠牲はきわめて少なくなっており、周代には人的資源の活用にも進化が見られる。

　さらに、西周代の中期になると「冊命儀礼《さくめいぎれい》」というものが出現する。これは、周王が王畿内部の小領主を「官職」に任命するという儀礼であり、儀礼の場には王朝の有力者も加わっていた。

　図表55に冊命儀礼を記した金文の例を挙げた。内容を簡単に言えば、この器を作った師虎《しこ》という人物が、井伯《せいはく》という有力者を介して周王から「左右戯繁荊《さゆうぎはんけい》」という官職に任命され、

それを記念して父親を祀る青銅器を作ったというものである。

西周代の「官職」は、実際には新規に職を与えるものは少なく、既存の権益を追認するという程度のものが多かったが、「官職」という概念は、貴重品の賜与のような一時的な主従関係の表示ではなく、終身で有効であった。そのため、長期間にわたって上下関係が固定化され、やがて有力者が大貴族、小領主が中小貴族となり、世襲の貴族制社会が出現した。

貴族制には弊害も多いが、法律や社会制度などが整っていない時代においては、上下関係を固定化することで内紛を抑制し、社会を安定化させる働きがあった。

こうして、封建制と貴族制により周王朝は安定した支配体制を確立したのである。最終的には、既得権益の蓄積により力を増した大貴族や諸侯によって内乱が起こり、周王朝は政治的権力を弱めたが、それは周王朝の成立（紀元前十一世紀後半）から二百五十年以上も後のことであった。さらに、周王朝は権力が衰退した春秋《しゅんじゅう》時代（紀元前八～前五世紀）においても、伝統的権威を持ち続けており、諸侯とは別格の存在であった。したがって、西周王朝の新制度は大きな成果を挙げたと言ってよいだろう。

貴族制社会への転換

殷代末期の集権化政策は、再出現した敵対勢力に対抗するためであり、それ自体は非合理

	紀元前20	前16	前11	前8	前5	前3
竜山文化	二里頭文化	殷王朝	西周王朝	春秋時代	戦国時代	秦・漢王朝
新石器時代	初期の王朝		貴族制社会		君主独裁制	

図表56　古代中国のおおまかな時代区分（筆者作成。数字は世紀）

的ではなかったが、結果として王朝の滅亡を招くことになった。

社会とは一般に既得権益の集合体であり、それは古代文明の殷王朝でも同じであった。そのため、集権化によって既得権益を削減するという政策は反発を受けやすく、王朝を崩壊させる原因になったのである。一方、殷を継いだ周は、封建制度などを採用し、殷よりも強い支配体制を構築することに成功したが、それは殷の滅亡によって既得権益がいったん解体されたことが要因と考えられる。

また、周王朝はおそらく殷末の歴史に学んでおり、有効な政策のみを採用することで支配体制を効率化している。例えば、周王朝では、殷末と同じく軍事力の強化はおこなわれたが、暦については殷末のような特殊なものは採用せず、太陰太陽暦《たいいんたいようれき》に戻している。殷末に始められた周祭暦《しゅうさいれき》は、王がおこなう祭祀のみによって季節を表示するため、一般には使用が難しかった。周王朝は、特殊な暦が王の権威を示す効果が弱いことを理解し、採用しなかったのであろう。

このように、殷末の集権化政策は形を変えながらも継承され、周王朝によって実を結んだのである。したがって、文武丁や帝辛の政治も歴史的に無に帰したのではなく、周王朝の土台になったと見ることができる。

殷周の交代期とは、大雑把に言えば、分権的で不安定な支配体制だった初期の王朝から、安定した貴族制社会へと転換していく過程であった。筆者は、「古代中国」という大きな枠組みのなかで、これをひとつの画期と見ている。図表56に示したように、古代中国の王朝史は、弱い支配体制だった初期の王朝から、封建制度や冊命儀礼などの整備によって貴族制社会へと推移し、さらに貴族層の衰退や成文法・官僚制などの成立によって君主独裁制へと移行したのである。

あとがき

本書は、三千年以上も前に存在した殷《いん》王朝の社会や歴史について、その時代に作られた資料である甲骨文字《こうこつもじ》を元にして解説した。甲骨文字の分析が進むまでは、後の時代に作られた文献資料の記述が信じられていたが、実際にはその多くが殷の滅亡後に創作された物語であり、「酒池肉林《しゅちにくりん》」や「玄鳥説話《げんちょうせつわ》」などは歴史事実ではなかったのである。

そのほかにも、文献資料の内容は往々にして甲骨文字とは食い違っており、殷王の系譜や軍事制度などについても、甲骨文字を分析することで、はじめて実態を明らかにすることができたのである。

ところで、殷王朝は古代文明に存在した社会であるが、歴史上の社会も現代社会も、人間がそれを形づくっていることは同じであり、そのため一定の共通点を見つけることができる。そして、過去の社会がそうであったように、現代の社会も一見すると非合理的な部分が多く、個々の要素をバラバラにしてみれば、各々の欠片《かけら》はいびつである。

例えば、現代社会は平等な社会が謳《うた》われているが、実際には大きな経済格差が存在している。また、効率化された科学技術とは対照的に、権威主義や既得権益が横行する社会構造になっている。そのほか、国民主権と言いながら国民に法律や行政の決定権がない民主主義、あるいは権力闘争に明け暮れる議会などは、ひとつひとつを見れば非合理的なことである。

私は若いころから、現代社会のいびつさに不満があった。これほどまでに文明が発達していながら、なぜ社会を合理化できないのかという疑問を持ち続けていたのである。しかし、大学を出て、歴史学だけではなく様々なことを学んでいくうちに、現代の社会も全体として見れば、比較的丸く収まっていることに気づかされた。

先に挙げた例で言えば、経済格差は資本主義の発展と表裏一体の関係であり、ある程度は必然的に出現するものである。また権威主義や既得権益には弊害も多いが、極端な流動化を防ぎ、社会を安定化させるという点では一定の合理性があることも事実である。そして民主主義やその議会にも、非合理的・非科学的な部分は少なくないが、それでも現在まで数千年にわたる人類の文明のなかでは、最も安定した社会体制なのである。

結局のところ人間社会とは、いびつな欠片が集まってひとつの安定状態を形成するものということになる。これが長年にわたる疑問に対する、私なりの答えである。

そして、こうした現象は、現代に限ったものではなく、古代文明である殷王朝にも見られることであり、人間社会の普遍的な性質と言えるだろう。

殷代には、甲骨占卜《こうこつせんぼく》（骨占い）によって王朝の政策を決定しており、戦争や狩猟などの挙行も占いで判断していた。また、当時は盛んに神々への祭祀をおこなっていたが、そこでは偏執《へんしゅう》的なまでに壮麗に作られた青銅器が用いられていた。さらに、祭祀の儀礼においては、家畜だけではなく人間までも犠牲（生けにえ）にしていたのである。

　これらは、個々の事象だけを取り出して見ればいびつな行為であるが、王朝全体として見れば、いずれも一定の合理的が認められる。本書で述べたように、甲骨占卜による政策決定については、当時の占いは骨の加工によってあらかじめ操作されており、王の行為を正当化する役割があった。祭祀で用いられた青銅器や犠牲についても、王の宗教的権威を確立するという目的があり、また王の経済力や軍事力を人々に誇示する働きがあった。

　つまり、古代文明なりの合理性によって殷王朝は維持されており、当時としてはバランスをとった支配体制が採用されていたのである。人間社会の制度や構造は、一見すると非合理的であっても、長期間にわたって存続したものには、何らかの合理性が含まれていることが多いのである。

　ただし、こうした経験的に得られた社会の合理性は、万能ではない。新しい状況が出現したり、複数の合理性が矛盾を起こした場合、破綻することもある。殷王朝も、末期において敵対勢力が再出現し、それに対抗して王の権力や軍事力を強化したが、集権化に対する反発によって内部から反乱が起こり、最終的には王朝が滅亡した。

それまでの殷王朝は、地方領主の権限が大きく、分権的な支配体制であった。分権を前提とする合理性によって経営してきた王朝が、新しい状況に対処するため急速に集権化に向かい、その結果として旧来の合理性と矛盾をきたしたのである。いわば「合理性の衝突」とも呼ぶべき現象によって殷王朝は滅びたのであった。

そして合理性の衝突は、後代の歴史でも、そして現代でも見られることである。現代の社会で言えば、資本主義としての合理性を追求して利益を獲得しようとするほど、経済格差が広がって貧困層が増え、人々の平等という原則と矛盾を起こすことになる。また、福祉を充実しようとすれば税金が高くなり、かえって生活が貧しくなるという現象も発生している。

合理性の衝突は、それぞれの立場の人々が、各々の合理性を正義としているため、強固であり、回避はきわめて困難になる。こうしたわけで、どれほど文明や科学技術が発達しても、三千年以上も前の殷王朝と同様に、現代社会も矛盾を内包してしまうのである。

しかし、合理性の衝突を回避することは「困難」だが「不可能」ではない。殷王朝を継いだ周《しゅう》王朝は、子弟や臣下を地方領主として派遣する封建制《ほうけんせい》を採用することで、地方領主の自立性と王朝による統制を両立した。現代社会における合理性の衝突も、より大きな枠組みでの合理性を発見することができれば、回避が可能なはずである。

今後も人間社会は合理性の衝突と向き合っていくことになるだろう。そのときには歴史学の研究が一助になれば幸いである。

本書の執筆・出版は中公新書編集部の藤吉亮平さんにご提案いただきました。この場を借りてお礼申し上げます。そして、堅苦しい議論におつきあいくださいました読者のみなさま、ありがとうございました。

二〇一四年　十二月

落合淳思

主要参考文献（著者の姓の五十音順）

赤塚忠『中国古代の宗教と文化』角川書店、一九七七年
浅原達郎「蜀兵探原」『古史春秋』二、一九八五年
池田末利『中国古代宗教史研究』東海大学出版会、一九八一年（一九八九年増訂版）
石川栄吉・梅棹忠夫・大林太良・蒲生正男・佐々木高明・祖父江孝男『文化人類学事典』弘文堂、一九八七年
伊藤道治『古代殷王朝のなぞ』角川書店、一九六七年（二〇〇二年文庫版『古代殷王朝の謎』）
伊藤道治『中国古代王朝の形成』創文社、一九七五年
王国維「殷卜辞中所見先公先王考」『観堂集林』巻九、一九一七年
王国維「殷周制度論」『観堂集林』巻十、一九一七年
王立新『早商文化研究』高等教育出版社、一九九八年
岡崎敬『古代中国の考古学』第一書房、二〇〇二年
岡村秀典『中国古代王権と祭祀』学生社、二〇〇五年
岡村秀典『中国文明　農業と礼制の考古学』京都大学学術出版会、二〇〇八年
小澤正人・谷豊信・西江清高『中国の考古学』同成社、一九九九年
落合淳思「甲骨文・金文および殷王世系の十干称謂」『立命館文学』五五五号、一九九八年

主要参考文献

落合淳思「甲骨祭祀と暦組の断代」『史林』八三－四、二〇〇〇年
落合淳思「甲骨文世系の成立と変遷」『立命館文学』五六九号、二〇〇一年
落合淳思『殷王世系研究』立命館東洋史学会、二〇〇二年
落合淳思「殷末暦譜の復元」『立命館文学』五七七号、二〇〇二年
落合淳思「殷代の地方支配」『中国古代史論叢　続集』立命館東洋史学会、二〇〇五年
落合淳思「殷代占卜工程の復元」『立命館文学』五九四号、二〇〇六年
落合淳思「西周代の姓」『中国古代史論叢　三集』立命館東洋史学会、二〇〇六年
落合淳思『甲骨文字の読み方』講談社、二〇〇七年
落合淳思『甲骨文字に歴史をよむ』筑摩書房、二〇〇八年
落合淳思『古代中国の虚像と実像』講談社、二〇〇九年
落合淳思『甲骨文字小字典』筑摩書房、二〇一一年
落合淳思『殷代史研究』朋友書店、二〇一二年
落合淳思『漢字の成り立ち』筑摩書房、二〇一四年
貝塚茂樹・伊藤道治『京都大学人文科学研究所所蔵　甲骨文字』京都大学人文科学研究所、一九五九年
貝塚茂樹・伊藤道治『古代中国』講談社、二〇〇〇年
郭沫若『奴隷制時代』人民出版社、一九五四年
郭沫若主編『甲骨文合集』中華書局、一九八二年
加地信行『儒教とは何か』中央公論新社、一九九〇年

河南省文物研究所『鄭州商城考古新発現与研究』中州古籍出版社、一九九三年
河南省文物研究所・鄭州市文物考古研究所『鄭州商代銅器窖蔵』科学出版社、一九九九年
裘錫圭「論歴組卜辞的年代」『古文字研究』六、一九八一年
許進雄『卜骨上的鑿鑽形態』芸文印書館、一九七三年
許進雄『懐特氏等収蔵甲骨文集』皇家安大略博物館（Royal Ontario Museum）、一九七九年
胡厚宣「殷代封建制度考」『甲骨学商史論叢』初集、斉魯大学国学研究所、一九四四年
胡厚宣「殷非奴隷社会論」『甲骨学商史論叢』初集、斉魯大学国学研究所、一九四四年
胡厚宣「中国奴隷社会的人殉和人祭」『文物』一九七四年第七・八期
黄展岳『古代中国的人牲人殉』文物出版社、一九九〇年
黄天樹『殷墟王卜辞的分類与断代』文津出版社、一九九一年
黄文新「先秦馬車乗座方式与乗員」『江漢考古』二〇〇七年第三期
谷飛「殷墟王陵問題之再考察」『考古』一九九四年一〇期
載家祥主編『金文大字典』学林出版社、一九九五年
佐藤信弥『西周期における祭祀儀礼の研究』朋友書店、二〇一四年
島邦男『殷墟卜辞研究』弘前大学文理学中国研究会、一九五八年
島邦男『殷墟卜辞綜類』大安、一九六七年
島邦男『増訂　殷墟卜辞綜類』汲古書院、一九七一年
蕭楠「論武乙・文丁卜辞」『古文字研究』三、一九八〇年

主要参考文献

徐無聞『甲金篆隷大字典』四川辞書出版社、一九九一年（新版二〇一〇年）
常玉芝『商代周祭制度』中国社会科学出版社、一九八七年
白川静「召方考」『甲骨金文学論叢』第二集、立命館大学中国文学研究室、一九五五年
白川静『甲骨文の世界』平凡社、一九七二年
白川静『字統』平凡社、一九八四年（二〇〇四年新訂版）
新村出編『広辞苑　第六版』岩波書店、二〇〇八年
曹瑋『周原甲骨文』世界図書出版公司、二〇〇二年
宋鎮豪著・林洋美訳「商代の邑の区画形態についての考察」（五井直弘編『中国の古代都市』所収）汲古書院、一九九五年
谷秀樹「西周代陝東出自者周化考」『立命館文学』六一七、二〇一〇年
譚其驤主編『中国歴史地図集』一、地図出版社、一九八二年
中国社会科学院考古研究所・陝西省西安半坡博物館『西安半坡』文物出版社、一九六三年
中国社会科学院考古研究所『小屯南地甲骨』中華書局、一九八〇年
中国社会科学院考古研究所『殷虚婦好墓』文物出版社、一九八〇年
中国社会科学院考古研究所『殷周金文集成』中華書局、一九八四～九〇年
中国社会科学院考古研究所『殷墟的発現与研究』科学出版社、一九九四年
中国社会科学院考古研究所『安陽郭家荘商代墓葬』中国大百科全書出版社、一九九八年
中国社会科学院考古研究所『偃師二里頭』中国大百科全書出版社、一九九九年

中国社会科学院考古研究所『殷墟花園荘東地甲骨』雲南人民出版社、二〇〇三年
中国社会科学院考古研究所『安陽小屯』世界図書出版公司、二〇〇四年
中国社会科学院考古研究所『安陽殷墟出土玉器』科学出版社、二〇〇五年
中国社会科学院考古研究所『安陽殷墟花園荘東地商代墓葬』科学出版社、二〇〇七年
中国社会科学院考古研究所『安陽小屯建築遺存』文物出版社、二〇一〇年
中国社会科学院考古研究所『殷墟小屯村中村南甲骨』雲南人民出版社、二〇一二年
中美洹河流域考古隊（中国社会科学院考古研究所・美国明尼蘇達大学科技考古実験室）「洹河流域区域考古研究初歩報告」『考古』一九九八年第一〇期
張亜初『殷周金文集成引得』中華書局、二〇〇一年
張光直「商王廟号新考」『中央研究院民族学研究所集刊』一五、一九六三年
張光直「殷礼中的二分現象」『慶祝李済先生七十歳論文集』上、一九六五年
張光直「談王亥与伊尹祭日并再論殷商王制」『中央研究院民族学研究所集刊』三五、一九七三年
陳夢家『殷虚卜辞綜述』科学出版社、一九五六年
杜金鵬『偃師商城初探』中国社会科学出版社、二〇〇三年
杜金鵬・許宏主編『偃師二里頭遺址研究』科学出版社、二〇〇五年
董作賓「大亀四版考釈」『安陽発掘報告』三、一九三一年
董作賓「甲骨文断代研究例」『慶祝蔡元培先生六十五歳論文集』（『中央研究院歴史語言研究所集刊外編』）一、一九三三年

主要参考文献

董作賓『殷暦譜』中央研究院歴史語言研究所、一九四五年
馬承源主編『商周青銅器銘文選』三、文物出版社、一九八八年
林巳奈夫『殷周時代青銅器の研究　図版編』殷周青銅器綜覧一、吉川弘文館、一九八四年
林巳奈夫『中国文明の誕生』吉川弘文館、一九九五年
方詩銘・王修齢『古本竹書紀年輯証』上海古籍出版社、一九八一年
彭邦炯『甲骨文合集補編』語文出版社、一九九九年
本田貴彦「殷代の金文について」『立命館史学』二三、二〇〇二年
松丸道雄「殷墟卜辞中の田猟地について」『東洋文化研究所紀要』三一、一九六三年
松丸道雄「殷周国家の構造」『岩波講座　世界歴史』四、岩波書店、一九七〇年
松丸道雄『東京大学東洋文化研究所蔵甲骨文字・図版篇』東京大学出版会、一九八三年
松丸道雄「『甲骨文』における『書体』とは何か」『書道研究』一九八八年十二月号
松丸道雄・高嶋謙一『甲骨文字字釈総覧』東京大学出版会、一九九四年
松丸道雄「殷の国家」『世界歴史大系　中国史Ⅰ』山川出版社、二〇〇三年
孟世凱『甲骨学辞典』世紀出版集団、二〇〇九年
持井康孝「殷王室の構造に関する一試論」『東京大学東洋文化研究所紀要』八二、一九八〇年
姚孝遂主編『殷墟甲骨刻辞摹釈総集』中華書局、一九八八年
姚孝遂主編『殷墟甲骨刻辞類纂』中華書局、一九八九年
楊錫璋・高煒主編『中国考古学　夏商巻』中国社会科学出版社、二〇〇三年

吉本道雅『中国先秦史の研究』京都大学出版会、二〇〇五年
吉本道雅「夏殷史と諸夏」『中国古代史論叢　三集』立命館東洋史学会、二〇〇六年
羅振玉『増訂　殷虚書契考釈』原著一九二七年（『羅雪堂先生全集』第三編所収、文華出版、一九七〇年）
李学勤「殷虚五号墓座談紀要」『考古』一九七七年第五期
李学勤・斎文心・艾蘭『英国所蔵甲骨集』中華書局、一九八五年
李学勤・彭裕商『殷墟甲骨分期研究』上海古籍出版社、一九九六年
李鍾淑・葛英会『北京大学珍蔵甲骨文字』上海古籍出版社、二〇〇八年
李済著・国分直一訳『安陽発掘』新日本教育図書、一九八二年
劉雨・盧岩『近出殷周金文集録』中華書局、二〇〇二年
劉雨・厳志斌『近出殷周金文集録　二編』中華書局、二〇一〇年
梁思永・高去尋『一〇〇一号大墓』（侯家荘・河南安陽侯家荘殷代墓地二）中央研究院歴史語言研究所、一九六二年
林澐「小屯南地発掘与殷墟甲骨断代」『古文字研究』九、一九八四年

甲骨文字・金文の出典一覧

本文中で引用した甲骨文字・金文の出典（拓本集と拓本番号）である。数条をまとめて掲載した場合は、第一条の頁数を示した。

第1章
36頁　『甲骨文合集』一四〇三・同二四八
37頁　『甲骨文合集』一七三五・同一三六四九
46頁　『甲骨文合集』三六七七五・同七〇七五

第2章
52頁　『甲骨文合集』六二七六・同六〇八六・『英国所蔵甲骨集』五五五
56頁　『甲骨文合集』六六四一・同六一六七
58頁　『甲骨文合集』三七七四六
59頁　『甲骨文合集』三七七五一
67頁　『甲骨文合集』六〇五七

70頁　『甲骨文合集』六四一九・同六三三二

第3章

81頁　『甲骨文合集』一四六二〇・同三三〇五二・同一四二〇七・同一〇〇七〇
88頁　『甲骨文合集』一六〇一三・同二七八九四・同七〇七
90頁　『甲骨文合集』二九六八七・同九四六八
95頁　『甲骨文合集』一六一七三・同一三四八・同三二六七四
97頁　『甲骨文合集』一一七五・同八九三七
98頁　『甲骨文合集』二六九九七・同二七〇一七・同三九〇・同三〇〇
106頁　『甲骨文合集』五八〇・『小屯南地甲骨』八五七
107頁　『甲骨文合集』一三八五・同七七七

第4章

119頁　『甲骨文合集』六七八三・同二〇四四〇
121頁　『甲骨文合集』一五四・同七三八〇
126頁　『甲骨文合集』一四九一五・『小屯南地甲骨』二〇六四
129頁　『甲骨文合集』六八一四・同五四五〇
132頁　『甲骨文合集』五六五八・同一〇一六八・同一四〇二・同一四二三七

133頁『甲骨文合集』六四七三・同一四二〇一・同一四二〇九
136頁『甲骨文合集』四五四
138頁『甲骨文合集』一四一三八
140頁『甲骨文合集』四五六・同一七三九三
144頁『英国所蔵甲骨集』一五〇
146頁『甲骨文合集』七九五

第5章
150頁『小屯南地甲骨』七七七・同二三六六・『甲骨文合集』三二四三九
152頁『甲骨文合集』二二〇九八
155頁『甲骨文合集』二七三三六・同二七三三八
158頁『甲骨文合集』二八二七八
159頁『小屯南地甲骨』九五七
161頁『甲骨文合集』三二八一五・同三一九七三・同三三〇一五
164頁『甲骨文合集』二八六二八・同二八九七五
168頁『甲骨文合集』三二〇二八・同三二九一六
177頁『殷周金文集成』五一九九・同一八一五・同五七一七・同二三六八

第6章

189頁『甲骨文合集』二七九八六・同二七九九五・『小屯南地甲骨』二六一三
190頁『甲骨文合集』二七九九〇
同『甲骨文合集』二七九七二・『小屯南地甲骨』三〇三八
191頁『甲骨文合集』二八〇一二・同二八〇八八
196頁『甲骨文合集』三六五二八
同『甲骨文合集』三六五三〇・同三六五三一
198頁『甲骨文合集』三六四八一
212頁『殷周金文集成』九二四九
215頁『甲骨文合集』三六五一一・同三六五〇九
219頁『甲骨文合集』三六八〇五・『懐特氏等収蔵甲骨文集』一八八六
221頁『殷周金文集成』二八三七

落合淳思（おちあい・あつし）

1974年愛知県生まれ．立命館大学大学院文学研究科史学専攻修了．博士（文学）．現在，立命館白川静記念東洋文字文化研究所客員研究員．

著書『殷代史研究』（朋友書店）
『甲骨文字の読み方』（講談社）
『古代中国の虚像と実像』（講談社）
『甲骨文字小字典』（筑摩書房）
『漢字の成り立ち』（筑摩書房）ほか

殷《いん》――中国史最古の王朝《ちゅうごくしさいこのおうちょう》
中公新書 *2303*

2015年1月25日初版
2015年2月20日再版

著　者　落合淳思
発行者　大橋善光

本文印刷　三晃印刷
カバー印刷　大熊整美堂
製　本　小泉製本

発行所　中央公論新社
〒104-8320
東京都中央区京橋 2-8-7
電話　販売 03-3563-1431
　　　編集 03-3563-3668
URL http://www.chuko.co.jp/

Published by CHUOKORON-SHINSHA, INC.
Printed in Japan　ISBN978-4-12-102303-2 C1222

中公新書刊行のことば

いまからちょうど五世紀まえ、グーテンベルクが近代印刷術を発明したとき、書物の大量生産は潜在的可能性を獲得し、いまからちょうど一世紀まえ、世界のおもな文明国で義務教育制度が採用されたとき、書物の大量需要の潜在性が形成された。この二つの潜在性がはげしく現実化したのが現代である。

いまや、書物によって視野を拡大し、変りゆく世界に豊かに対応しようとする強い要求を私たちは抑えることができない。この要求にこたえる義務を、今日の書物は背負っている。だが、その義務は、たんに専門的知識の通俗化をはかることによって果たされるものでもなく、通俗的好奇心にうったえて、いたずらに発行部数の巨大さを誇ることによって果たされるものでもない。現代を真摯に生きようとする読者に、真に知るに価いする知識だけを選びだして提供すること、これが中公新書の最大の目標である。

私たちは、知識として錯覚しているものによってしばしば動かされ、裏切られる。私たちは、作為によってあたえられた知識のうえに生きることがあまりに多く、ゆるぎない事実を通して思索することがあまりにすくない。中公新書が、その一貫した特色として自らに課すものは、この事実のみの持つ無条件の説得力を発揮させることである。現代にあらたな意味を投げかけるべく待機している過去の歴史的事実もまた、中公新書によって数多く発掘されるであろう。

中公新書は、現代を自らの眼で見つめようとする、逞しい知的な読者の活力となることを欲している。

一九六二年一一月

中公新書

世界史

1353 物語 中国の歴史　寺田隆信
2001 孟嘗君と戦国時代　宮城谷昌光
12 史記　貝塚茂樹
1517 古代中国と倭族　鳥越憲三郎
2099 三国志　渡邉義浩
7 宦官(かんがん)　三田村泰助
15 科挙(かきょ)　宮崎市定
2134 中国義士伝　冨谷至
255 実録 アヘン戦争　陳舜臣
1812 西太后(せいたいこう)　加藤徹
166 中国列女伝　村松暎
2030 上海　榎本泰子
1144 台湾　伊藤潔
925 物語 韓国史　金両基
1367 物語 フィリピンの歴史　鈴木静夫
1372 物語 ヴェトナムの歴史　小倉貞男
2208 物語 シンガポールの歴史　岩崎育夫
1913 物語 タイの歴史　柿崎一郎
2249 物語 ビルマの歴史　根本敬
1551 海の帝国　白石隆
1866 シーア派　桜井啓子
1858 中東イスラーム民族史　宮田律
1660 物語 イランの歴史　宮田律
1818 シュメル―人類最古の文明　小林登志子
1977 シュメル神話の世界　岡田明子 小林登志子
1594 物語 中東の歴史　牟田口義郎
1931 物語 イスラエルの歴史　高橋正男
2067 物語 エルサレムの歴史　笈川博一
2205 聖書考古学　長谷川修一
2235 ツタンカーメン　大城道則
2303 殷―中国史最古の王朝　落合淳思

e2

世界史

2050 新・現代歴史学の名著 樺山紘一編著
2223 世界史の叡智 本村凌二
2267 世界史の叡智 悪役・名脇役篇 本村凌二
2253 禁欲のヨーロッパ 佐藤彰一
1045 物語 イタリアの歴史 藤沢道郎
1771 物語 イタリアの歴史 II 藤沢道郎
1100 皇帝たちの都ローマ 青柳正規
2152 物語 近現代ギリシャの歴史 村田奈々子
1635 物語 スペインの歴史 岩根圀和
1750 物語 スペインの歴史 人物篇 岩根圀和
1564 物語 カタルーニャの歴史 田澤 耕
138 ジャンヌ・ダルク 村松 剛
1963 物語 フランス革命 安達正勝
2286 マリー・アントワネット 安達正勝
2027 物語 ストラスブールの歴史 内田日出海
2167 イギリス帝国の歴史 秋田 茂
1916 ヴィクトリア女王 君塚直隆
1215 物語 アイルランドの歴史 波多野裕造
1546 物語 スイスの歴史 森田安一
1420 物語 ドイツの歴史 阿部謹也
2279 物語 ベルギーの歴史 松尾秀哉
1838 物語 チェコの歴史 薩摩秀登
1131 物語 北欧の歴史 武田龍夫
1758 物語 バルト三国の歴史 志摩園子
1655 物語 ウクライナの歴史 黒川祐次
1042 物語 アメリカの歴史 猿谷 要
2209 アメリカ黒人の歴史 上杉 忍
1437 物語 ラテン・アメリカの歴史 増田義郎
1935 物語 メキシコの歴史 大垣貴志郎
1547 物語 オーストラリアの歴史 竹田いさみ
1644 ハワイの歴史と文化 矢口祐人
518 刑吏の社会史 阿部謹也
2304 ビスマルク 飯田洋介

日本史

- 2189 歴史の愉しみ方　磯田道史
- 2295 天災から日本史を読みなおす　磯田道史
- 2299 日本史の森をゆく　東京大学史料編纂所編
- 1617 歴代天皇総覧　笠原英彦
- 1928 物語 京都の歴史　脇田修・脇田晴子
- 482 倭国　岡田英弘
- 147 騎馬民族国家(改版)　江上波夫
- 2164 魏志倭人伝の謎を解く　渡邉義浩
- 1085 古代朝鮮と倭族　鳥越憲三郎
- 1878 古事記の起源　工藤隆
- 2157 古事記誕生　工藤隆
- 2211 古事記の宇宙《コスモス》―神と自然　千田稔
- 2095 『古事記』神話の謎を解く　西條勉
- 2230 言霊とは何か　佐佐木隆
- 1490 古地図からみた古代日本　金田章裕

- 804 蝦夷(えみし)　高橋崇
- 1041 蝦夷《えみし》の末裔　高橋崇
- 1622 奥州藤原氏　高橋崇
- 1293 壬申の乱　遠山美都男
- 1568 天皇誕生　遠山美都男
- 2038 天平の三姉妹　遠山美都男
- 1779 伊勢神宮―東アジアのアマテラス　千田稔
- 1607 飛鳥―水の王朝　千田稔
- 2168 飛鳥の木簡―古代史の新たな解明　市大樹
- 1940 平城京遷都　千田稔
- 291 神々の体系　上山春平
- 1502 日本書紀の謎を解く　森博達
- 1802 古代出雲への旅　関和彦
- 1967 正倉院　杉本一樹
- 2054 正倉院文書の世界　丸山裕美子
- 1003 平安朝の母と子　服藤早苗
- 1240 平安朝の女と男　服藤早苗

- 1844 陰陽師(おんみょうじ)　繁田信一
- 1867 院政　美川圭
- 2281 怨霊とは何か　山田雄司
- 608 613 中世の風景(上下)　阿部謹也・網野善彦・石井進・樺山紘一
- 1503 古文書返却の旅　網野善彦
- 1392 中世都市鎌倉を歩く　松尾剛次
- 1944 中世の東海道をゆく　榎原雅治
- 48 山伏　和歌森太郎
- 2127 河内源氏　元木泰雄
- 2302 日本人にとって聖なるものとは何か　上野誠

言語・文学・エッセイ

j 1

- 433 日本語の個性 外山滋比古
- 2083 古語の謎 白石良夫
- 533 日本の方言地図 徳川宗賢編
- 500 漢字百話 白川静
- 2213 漢字再入門 阿辻哲次
- 1755 部首のはなし 阿辻哲次
- 1831 部首のはなし2 阿辻哲次
- 2254 かなづかいの歴史 今野真二
- 1880 近くて遠い中国語 阿辻哲次
- 742 ハングルの世界 金両基
- 1833 ラテン語の世界 小林標
- 1971 英語の歴史 寺澤盾
- 1212 日本語が見えると英語も見える 荒木博之
- 1533 英語達人列伝 斎藤兆史
- 1701 英語達人塾 斎藤兆史
- 2086 英語の質問箱 里中哲彦
- 2165 英文法の魅力 里中哲彦
- 2231 英文法の楽園 里中哲彦
- 1448 「超」フランス語入門 西永良成
- 352 日本の名作 小田切進
- 212 日本文学史 奥野健男
- 2285 日本ミステリー小説史 堀啓子
- 2193 日本恋愛思想史 小谷野敦
- 563 幼い子の文学 瀬田貞二
- 2156 源氏物語の結婚 工藤重矩
- 1965 男が女を盗む話 立石和弘
- 1787 平家物語 板坂耀子
- 2093 江戸の紀行文 板坂耀子
- 1233 夏目漱石を江戸から読む 小谷野敦
- 1672 ドン・キホーテの旅 牛島信明
- 1798 ギリシア神話 西村賀子
- 1933 ギリシア悲劇 丹下和彦
- 1254 ケルト神話と中世騎士物語 田中仁彦
- 2242 オスカー・ワイルド 宮崎かすみ
- 275 マザー・グースの唄 平野敬一
- 1790 批評理論入門 廣野由美子
- 1734 ニューヨークを読む 上岡伸雄
- 2148 フランス文学講義 塚本昌則
- 2251 〈辞書屋〉列伝 田澤耕
- 1774 消滅する言語 デイヴィッド・クリスタル 斎藤兆史・三谷裕美訳
- 2226 悪の引用句辞典 鹿島茂